AF084374

Asmat Zafar, Ayesha Mangel, Qurat ul Ain Kamran

Cambridge O Level

Urdu as a Second Language

Skills Builder: Reading and Writing

CAMBRIDGE
UNIVERSITY PRESS

CAMBRIDGE
UNIVERSITY PRESS

University Printing House, Cambridge CB2 8BS, United Kingdom

One Liberty Plaza, 20th Floor, New York, NY 10006, USA

477 Williamstown Road, Port Melbourne, VIC 3207, Australia

314–321, 3rd Floor, Plot 3, Splendor Forum, Jasola District Centre, New Delhi – 110025, India

79 Anson Road, #06–04/06, Singapore 079906

Cambridge University Press is part of the University of Cambridge.

It furthers the University's mission by disseminating knowledge in the pursuit of education, learning and research at the highest international levels of excellence.

www.cambridge.org
Information on this title: www.cambridge.org/9781316609422

© Cambridge University Press 2018

This publication is in copyright. Subject to statutory exception and to the provisions of relevant collective licensing agreements, no reproduction of any part may take place without the written permission of Cambridge University Press.

First published 2018

20 19 18 17 16 15 14 13 12 11 10 9 8 7 6 5 4 3 2

Printed in Dubai by Oriental Press

A catalogue record for this publication is available from the British Library

ISBN 978-1-316-60942-2

Cambridge University Press has no responsibility for the persistence or accuracy of URLs for external or third-party internet websites referred to in this publication, and does not guarantee that any content on such websites is, or will remain, accurate or appropriate.

....

NOTICE TO TEACHERS IN THE UK

It is illegal to reproduce any part of this work in material form (including photocopying and electronic storage) except under the following circumstances:
(i) where you are abiding by a licence granted to your school or institution by the Copyright Licensing Agency;
(ii) where no such licence exists, or where you wish to exceed the terms of a licence, and you have gained the written permission of Cambridge University Press;
(iii) where you are allowed to reproduce without permission under the provisions of Chapter 3 of the Copyright, Designs and Patents Act 1988, which covers, for example, the reproduction of short passages within certain types of educational anthology and reproduction for the purposes of setting examination questions.

All questions and answers were written by the authors.

®IGCSE is a registered trademark

Contents

Unit	Topic	Preliminary grammar revision needed	Language functional skills	Reading and writing skills	Speaking and listening skills
Section 1: Descriptive, informative and explanatory texts					
1 اپنا گھر اور گردونواح	Social relationships Education	Use of conditional statements such as "if…then… else"	• Expressing feelings through idioms and nouns that communicate feelings and emotions • Communicating in the future tense	R To be able to read and comprehend basic information R+W Communicate clearly, accurately & appropriately	S Be able to ask for direction/ guidance
2 تعلیم اور تفریحی مقامات	Personal and social life		• Employing vocabulary for tourist flyers • Using proper nouns and common nouns appropriately • Following conventions of sentence structure and punctuation used in flyers	R Sequencing data W Be able to present event announcements, product information or facts for shows or conferences	S Acquiring and providing information L Recognising informal textual content
3 شطرنج	International		• Using vocabulary used in chess • Using appropriate adjectives in expressing opinions • Following conventions of paragraphing • Using vocabulary and sentence structure appropriately in translation	R Comprehending data or content in a sequence W To write details in a sequence to bring out meaningful behaviour	S Develop ability to articulate instructions L Follow simple, structured processes provided by others through modelling or step by step instructions
4 قائداعظم کی صحافت	World around us Communication and media	Communicating in past tense Nouns and adjectives	• Using appropriate vocabulary in the context of literature • Demonstrating appropriate use of grammatical structures relating to masculine and feminine nouns and verbs	R To be able to filter out fact from opinion R Developing broad understanding of the subject and its limitations W To convey information and express opinions effectively	S Respond appropriately to the contributions of another person

Contents

Unit	Topic	Preliminary grammar revision needed	Language functional skills	Reading and writing skills	Speaking and listening skills
Model summary					
Section 2: Narrative					
5	Personal and social life	Interrogative sentences; Homophones	• Demonstrating awareness of vocabulary relating to various diseases • Using positive and negative forms of expression (homophones) • Revisiting the future tense of verbs • Following conventions of paragraphing and sentence structure used in biography writing • Employ appropriate style in writing a biography	• Organise and sequence data • Use appropriate phrases, vocabulary, and convey information in a concise way	S Convey information, articulate experience and express thoughts and opinions

6		Appropriate sentence structure with singular/plural subjects and objects	• Awareness of pronouns, phrases and idioms used in the context of:
			  1. schools
			  2. teacher/parents-student relationship
			  3. story writing
			• Conventions of punctuations, paragraphing and sentence structure used in storytelling
			• Show an awareness of register / style in story writing and character sketching
				• Understand the five elements of a short story namely, theme, plot, setting, character(s), and conflict
				• Relate and infer information from text
				• Recognise, understand and distinguish between facts, ideas and opinions
				• Differentiate between subjective and objective expression (fact vs. opinion)
					S Pooling of ideas and modifying information through discussions with others

Model essay					
7	World around us; Current affairs and communication; Media	Awareness of conjugated verbs (tenses: past, present and future)	• Appropriate vocabulary used for different forms of art • Conventions of punctuations, spelling, compound words, paragraphing and sentence structure used in essay writing • Awareness of register for essay writing versus informal messages/statements • Employ the appropriate style for dialogue writing	• Research a topic and gather information on current/social events • Develop a writing/narrative style • Editing	S Expressing opinion and describing experience on current and social events

Unit	Topic	Preliminary grammar revision needed	Language functional skills	Reading and writing skills	Speaking and listening skills
8	ازراہِ تجارت / World of work	Prepositions Interrogative form idioms	• Subjective form of writing • Employ appropriate vocabulary and style for advertising • Awareness of punctuations	• Select information and organise according to specific purposes • Use proper phrases to convey requests and claims	N/A
9	آبِ رواں (Hay-on-Wye) / International world travel	Antonyms	• Awareness of appropriate vocabulary and use of idioms for travelling • With respect to letter writing, report writing and reviews: 1. employ usage of prefixes/suffixes and collective nouns 2. show awareness of register/style 3. employ appropriate punctuations, spelling, paragraphing and sentence structure	• Appreciate experience and emotion from another's perspective • Determine purpose, planning organizing and focusing • Analyse the audience and write to a range of readers	L Recognise, understand and distinguish between facts, ideas and opinions

Section 3: Communication

Unit	Topic	Preliminary grammar revision needed	Language functional skills	Reading and writing skills	Speaking and listening skills
10	تراج / World of work	Interrogative form preposition for opinions vs facts	• Use of formal text • Awareness of proverbs versus idioms • Awareness of register for writing formal profiles as well as informal profiles	• Understand the nature of the directives of a formal inquiry or requirement • Articulate experience by using correct describers • Respond to formal ad or publicity	S Present information suitable for formal or corporate set ups
11	کاروبار زندگی / World of work		• Employ appropriate vocabulary for business writing and corporate set ups • Awareness of appropriate gender and related nouns and pronouns for formal writing • Awareness of vocabulary for different professions • Express an awareness of register in various forms of business communication vis a vis, letter writing • e-mailing, phone calls, presentations or business analysis report	• Read, comprehend and distinguish formal writing • To formulate proper communicative skills through letter writing required in formal set ups • Pool ideas and experience	

Contents

Unit	Topic	Preliminary grammar revision needed	Language functional skills	Reading and writing skills	Speaking and listening skills
12 ہمارے لیے	World around us Environment/hygiene		• Verbal reporting skills using analogies, appropriate adjectives and idioms. • Use of direct and indirect speech.	• Develop the ability of writing formally to give and receive criticism • Using tips and techniques for expressing a complaint in an interaction • Picking out keywords to gauge the problem(s)	
13 بہار اں نہ کرس	Personal and social relationship/moral issues	Awareness of conjugated verbs (tenses: past, present and future)	• Awareness of appropriate vocabulary in the context of bullying. • Express awareness through use of idioms, synonyms, phrases, proverbs, compound words etc. • Awareness of register for: 1. summary writing 2. script writing	R Explore human experiences and values reflected in texts W Demonstrate the ability to trace a coherent thought pattern to a suitable conclusion W Write compellingly, convincingly and effectively in a variety of contexts	L Listen to assess the overall effectiveness of discussions and presentations
14 نصف، تندرستی، اپنا	Health issues	Homophones Antonyms	• Use of appropriate vocabulary for health and wellness • Awareness of idioms that use words that reflect different parts of a human body • Conventions of sentence structure around active/passive voice • Employ appropriate register/style for advertising and developing a brochure	• Distinguish and organise acts and information related to specific purposes	S Broadcast information or events for targeted audience

Section 4: Persuasive language

Unit	Topic	Preliminary grammar revision needed	Language functional skills	Reading and writing skills	Speaking and listening skills
15 خطاب، اخبار، اشتہار	The world around us	Verbs	• Conventions of paragraphing used in persuasive writing • Awareness of idioms reflecting strong emotions and passion • Employ appropriate register/style for speech writing and public speaking	• Internalise effective organisation of ideas and present them clearly • Understand and communicate various forms of persuasion	L Comprehend spoken language and pick unsaid messages or cues L Critically evaluate ideas and beliefs of others and to draw logical conclusions

Contents

Unit		Topic	Preliminary grammar revision needed	Language functional skills	Reading and writing skills	Speaking and listening skills
16	ذاتی اور معاشرتی زندگی	Personal and social life		• Awareness of Urdu vocabulary derived from English • Usage of versatile grammatical structures such as singular/plural, compound words, antonyms and synonyms in an argument • Express an awareness of register in analyzing and countering an argument through an essay	R Understand the usage of argument and judge evidence R Differentiate between persuasion and argument R Ways to construct a solid stance on a given issue W To reach a logical conclusion	S Create a substantial argument using research and rhetorical devices to enable them to enter the scholarly conversation
17	بین الاقوامی دنیا	The international world	Awareness of conjugated verbs (tenses: past, present and future)	• Show an awareness of register in a: 1. debate 2. argumentative essay or report writing 3. Recommendation based on research	• To identify rhetoric and use rhetoric • Evaluate reliability and bias • Effectively supports their point of view with well-reasoned, integrated arguments	

Section 5: Argumentative language

18	عالمی ادب	International literature	Singular/plural	• Awareness of grammatical structure such as plural of plural • Usage of vocabulary in the context of Urdu poetry and prose • Conventions of sentence structure, spelling and punctuation for translations • Show an awareness of register in a: 1. debate 2. argumentative essay or report writing 3. Recommendation based on research 4. Presentation on a literary piece	• Effectively supports their point of view with well-reasoned, integrated arguments • To reach a logical conclusion • To filter out facts for an argument based on qualitative data	

Grammar Checklist

Example answers to exam-style questions

Acknowledgements

Introduction

Urdu as a Second Language – Skills Builder: Reading and Writing aims to provide its readers with the basic skills in the Urdu language. The level of difficulty gradually increases, as students become familiar with the different levels and aspects of the language. The course progresses through five language styles:

- descriptive
- narrative
- formal or official
- persuasive
- argumentative.

Starting with how to write a simple descriptive text and moving on to more complex aspects of the language, this guide progressively develops students' language skills as they learn more about the nature of the Urdu terminology. It focuses on building the student's skills in expressing, conversing, interpreting and understanding comfortably.

To achieve this, the guide includes examples of:

- flyers
- formal and informal letters
- brochures
- short stories
- speeches
- news articles
- analytical articles on social, moral, and health issues
- write-ups arguing for or against various issues in real life.

The guide adopts a 'teaching by action' technique.

Each chapter includes engaging activities with very distinct learning objectives. It starts with a clear statement of its objectives, to inform the student of the requirement for the module being studied.

Every unit starts with a brief introduction and a starter activity to prepare the student for the main content. The text is rich with Urdu idioms, vocabulary, expression and information. Activities are designed to support the development of skills in comprehension, grammar, reading, writing, speaking and listening, and to develop the student's fluency in Urdu. The chosen texts also offer a taste of the culture, history, and struggle of Pakistan.

Introduction

Urdu as a Second Language – Skills Builder: Reading and Writing covers the basic skills of grammar, explaining:

- nouns
- verbs
- adjectives
- masculine/feminine
- antonyms
- synonyms
- idioms
- sentence transformation.

Learning tip boxes appear throughout the book, to provide guidance on how to effectively learn and implement the distinctive aspects of reading, writing, speaking and listening. Within each chapter or unit there is a grammar and vocabulary box, which explains grammatical concepts and increases vocabulary awareness. *Urdu as a Second Language – Skills Builder: Reading and Writing* provides challenges in which students apply what they have learned from the book with knowledge they have acquired outside the class, in the 'real world'.

Each unit provides exam-style questions, to enable students to check that they have met the objectives for that unit. This is important as the skills learnt at each stage will be used developed further in subsequent units.

The authors hope that, through this course, students will develop a deeper connection to the Urdu language and use it to promote the culture and people of Pakistan by integrating the skills of reading, writing, speaking and listening.

Section 1: Descriptive, informative and explanatory texts

Section introduction

In this section you will read different types of text written in Urdu. These include:

- flyers
- advice columns
- instruction manuals
- reviews.

You will learn to:

- recognise different forms of writing
- organise information you are given
- identify the different ways of presenting information
- produce similar texts, using the correct grammar and clear, engaging language.

By the end of this section, you should feel confident to express basic ideas and opinions and deliver small presentations, both verbal and written.

۱ میں کروں تو کروں کیا!

Learning objectives

In this unit, you will learn and practise skills in:

- reading – reading and understanding basic information, for example, in an advice column, and the idioms used in it
- writing – filling in a simple form; analysing information to give advice
- speaking and listening – explaining what career you would like to follow; asking for advice about applying to foreign universities.

You will also learn and practise language skills in:

- expressing feelings through idioms
- choosing and using suitable Urdu words to replace English words, for example, in an advice column
- using conditional statements and the future tense.

تعارف

اکثر لوگ اپنی پریشانیوں کا ذکر اور مسائل کا حل اخبارات اور رسائل میں دیئے گئے "ایڈوائس کالم" کے ذریعے پوچھتے ہیں۔ یہ باب بھی ایک ایسے ہی کالم پر مبنی ہے جس میں ایک طالب علم اپنے کریئر کونسلر کو خط لکھتا اور اپنی مشکل بیان کرتا ہے۔اِس باب کا مقصد طلبا کو نہ صرف 'ایڈوائس کالم' سے متعارف کروانا ہے بلکہ کچھ ایسے محاورات سے بھی مانوس کروانا ہے جو احساسات کی ترجمانی کرتے ہیں۔ اِس باب میں دی گئی سرگرمیاں اردو زبان کے استعمال میں مختلف مضامین اور پیشوں سے متعلق آپ کے ذخیرۂ الفاظ میں اضافہ کریں گی۔ مزید یہ کہ انگریزی سے اردو میں ترجمہ کرتے ہوئے قواعدوانشاء اور جملہ سازی کے لئے جن نکات کو ذہن میں رکھنا چاہیے وہ بھی سکھائیں گی۔

Activity

۱) اس سے پہلے کہ ہم شروع کریں:

ایک طالب علم اپنے مستقبل سے متعلق کن کن احساسات سے گزر سکتا ہے، نیچے دیئے گئے گوشوارے کے مطابق بتایئے۔ مثلاً

احساس	وجہ
خوشی	امتحانوں میں اچھے نتائج پر

۲) مطالعہ:

مندرجہ ذیل کالم کم از کم دو بار پڑھیے۔

میں کروں تو کروں کیا!

اِس سال شہزاد کو اُن مضامین کا انتخاب کرنا ہے جو ایک اچھے میڈیکل کالج میں داخلہ لینے میں اُس کے لیے مددگار ثابت ہوں۔ مگر اب الجھن یہ ہے کہ کیا شہزاد واقعی ڈاکٹر بننا چاہتا ہے؟ چنانچہ اُس نے اپنے اسکول کے کریئر کونسلر ارشد صاحب سے مشورہ کرنے کا سوچا۔

جناب ارشد صاحب!

میں عجیب شش و پنج میں گرفتار ہوں۔ یوں تو مجھے بچپن سے ڈاکٹر بننے کا شوق تھا مگر اب میں تھوڑا کنفیوز ہوگیا ہوں۔ دراصل مجھے جنون کی حد تک جہاز اُڑانے کا شوق بھی ہے۔ اسکے علاوہ میں بچپن سے ایک آرٹسٹ بھی ہوں۔ حیاتیات میں ہر سال میرا بہترین رزلٹ آتا ہے۔ اب اگر ڈاکٹر بننا ہے تو کیمسٹری پڑھنا ہوگی۔ پائلٹ بننا ہے تو انجینئرنگ یونیورسٹی جانا ہوگا اور وہاں ریاضی اور فزکس جیسے مضامین پڑھنے ہوں گے۔ ان سب مضامین سے میرا جی کھٹا ہوگیا ہے۔ اگر میں آرٹ پڑھتا ہوں تو پھر میرا مستقبل کیا ہوگا، اور یہ کہ آرٹ سیکھنے کس یونیورسٹی جاؤں؟ کیا پاکستان میں اسکا کوئی اسکوپ ہے؟ میں کروں تو کروں کیا!

۳) ذخیرۂ الفاظ:

شہزاد نے اپنے کالم میں جو انگریزی الفاظ استعمال کیے ہیں، اُنکے اردو معانی لکھیں۔

۴) محاورات:

شہزاد شش و پنج میں گرفتار ہے۔ شش و پنج سے کیا مراد ہے؟ کیا آپ مذکورہ بالا عبارت سے کم از کم ایک اور محاورہ ڈھونڈ سکتے ہیں؟

> **Vocabulary**
> An idiom is called a محاورہ in Urdu.
> A proverb is called a کہاوت in Urdu.

۵) اظہارِ کیفیت:

مندرجہ ذیل تصاویر میں دیئے گئے تاثرات دیکھ کر کیا آپ بتا سکتے ہیں کہ کونسا چہرہ کس کیفیت کی عکاسی کرتا ہے؟ مندرجہ ذیل محاورات تصاویر کی مناسبت سے لکھیے:

آگ بگولہ ہونا   آب آب ہونا   باغ باغ ہونا   آنکھیں کھلی کی کھلی رہ جانا

 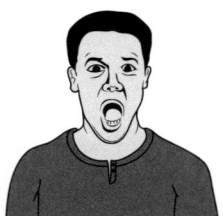

۶) موازنہ:

پہلی سرگرمی میں آپ نے جو گوشوارہ بنایا تھا، اسکے مطابق بتائیں کہ آپ کن مضامین پر کیسے احساسات سے دو چار ہوتے ہیں، مثلاً حیاتیات پڑھنے سے آپ کو خوشی ملتی ہے یا انگریزی پڑھنے سے پریشانی میں اضافہ ہوتا ہے؟ نیز اُس احساس کی وجہ لکھیے۔

۷) **ذاتی معلومات:**

شہزاد کے کریئر کونسلر نے اُس کو جواب دینے سے پہلے مندرجہ ذیل فارم دیا۔ اگر آپ شہزاد کی جگہ ہوں تو یہ فارم کس طرح بھریں گے؟

نام:	عمر:	جنس:
پتا:		
جماعت:	اسکول کا نام:	
پسندیدہ مضامین:		
پسندیدہ مشغلہ:		

۸) **اظہارِ رائے:**

الف: اگر آپ شہزاد کے کریئر کونسلر ہوں تو اسے کیا مشورہ دیں گے؟ تحریر کریں۔

ب: آپ کیا پیشہ اختیار کرنا چاہتے ہیں اور کیوں؟ زبانی بتائیں۔

Grammar in context

To change a sentence to the future tense, simply replace the verb endings ہے، ہیں، تھا، تھی، تھے etc. with گا For example, کھائیں گے، کروں گا، پڑھوں گی

Learning tip

A sentence that starts with اگر will have تو in a later part of it to explain the condition; otherwise it will be an incomplete sentence.

Challenge

Imagine your teacher is your career counsellor. Speak to her for two minutes about your difficulties in applying to take higher studies at overseas universities. Mention at least two major problems. Make sure you speak only in Urdu.

Reflect on your learning

Skills check

In this unit, you have learnt skills in:

- **Reading**
  - ☐ carefully reading a given text at least twice
  - ☐ understanding idioms, for example, in an advice column
  - ☐ noticing structures used to give advice
- **Writing**
  - ☐ communicating basic information by filling in a form
  - ☐ writing confidently in single sentences
  - ☐ giving appropriate advice, for example, based on an advice column
- **Speaking and listening**
  - ☐ seeking advice verbally, in clear language
  - ☐ asking and giving advice, for example, about applying to foreign universities
- **Language**
  - ☐ understanding the meanings of idioms
  - ☐ using appropriate vocabulary to describe different feelings
  - ☐ replacing English words with accurate and appropriate Urdu words, for example, in an advice column
  - ☐ using conditional statements with the future tense when giving advice.

Exam-style questions

Q1 Translate into Urdu

س۱) مندرجہ ذیل کا اردو میں ترجمہ کریں:

Students should consider carefully their choice of career or profession, and ask their parents and teachers for advice.

Sentence transformation

س۲) مندرجہ ذیل جملے فعل مستقبل میں تبدیل کریں:

۱۔ میں عجیب شش و پنج میں گرفتار تھا۔

۲۔ میں اپنے استاد سے مشورہ کر رہا ہوں۔

۳۔ کیا پاکستان میں آرٹ کا کوئی مستقبل ہے؟

۲ قلعہ روہتاس میں خوش آمدید

Learning objectives

In this unit, you will learn and practise skills in:

- reading – sequencing data, for example, in a travel flyer
- writing – presenting information or facts, for example, for tourist flyers
- speaking and listening – asking for and giving information in Urdu about a tourist location; taking part in a question and answer session through role play.

You will also learn and practise language skills in:

- using suitable vocabulary for a specific purpose, such as a tourist flyer
- differentiating between proper nouns and common nouns
- following the conventions of sentence structure and punctuation used information documents, such as flyers.

تعارف

اِس باب میں ایک معلوماتی کتابچے کے ذریعے سیر وسیاحت کے بارے میں دلچسپ معلومات فراہم کی گئی ہیں۔ ایک تاریخی عمارت کا ذکر کرتے ہوئے اُس کی طرزِ تعمیر اور دیگر خصوصیات بیان کی گئی ہیں۔ اِس میں تاریخی ورثے کو محفوظ کرنے کی ضرورت پر بھی زور دیا گیا ہے۔ اِس باب میں کچھ ایسی سرگرمیاں بھی شامل ہیں جن سے طلبا کی تاریخی اور جغرافیائی معلومات میں بھی اضافہ ہوگا۔ اِس باب میں تاریخی معلومات شامل کرنے کے علاوہ اُردو قواعد کو بھی مدّ نظر رکھا گیا ہے۔

Activity

۱) اس سے پہلے کہ ہم شروع کریں:

آپ کے نزدیک ایک معلوماتی کتابچے کی کیا خصوصیات ہونی چاہییں؟ سوچیں اور تحریر کریں۔

۲) مطالعہ:

مندرجہ ذیل کتابچہ کم از کم دو بار پڑھیں اور مشکل الفاظ کے معانی لغت سے تلاش کریں۔

قلعہ روہتاس میں خوش آمدید

- شیر شاہ سوری کی بہترین جنگی حکمتِ عملی کا ثبوت
- خوبصورت طرزِ تعمیر کا منہ بولتا شاہکار
- سیاحوں کے لئے دلچسپ اور تاریخی معلومات کا خزانہ
- ایک عظیم تاریخی مقام
- موسمِ گرما کی تعطیلات کو خوشگوار بنائیں
- رہائش کا بہترین انتظام، پُرسکون ماحول

تاریخ، قلعہ بندی کی ثقافتی اہمیت کی گواہ رہی ہے جس کی ایک مثال شیر شاہ سوری کا 'قلعہ روہتاس' ہے۔ تقریباً چار صدیوں قبل شیر شاہ سوری نے یہ قلعہ مختلف قبیلوں کی بغاوت ختم کرنے کے لیے نو سال کے عرصے میں تعمیر کروایا تھا۔ یہی وہ راستہ ہے جہاں سے سکندرِ اعظم اور بابر اپنی فوجیں لے کر گزرے تھے اور مخالفین کی اینٹ سے اینٹ بجا دی تھی۔ قلعے کی تعمیر پر اس وقت کے مطابق چوبیس کروڑ، پندرہ لاکھ، پانچ ہزار ڈھائی دام خرچ ہوئے۔ قلعہ روہتاس پانچ کلومیٹر کے رقبے پر محیط ہے۔ قلعے کی فصیل کی موٹائی چالیس فٹ اور بلندی پینتیس سے ساٹھ فٹ تک ہے۔ قلعے کا مرکزی دروازہ نہایت شاندار اور بلند ہے۔ یہ افغانستان کی سمت کھلتا ہے۔ قلعے کا ایک دروازہ 'شیش دروازے' کے نام سے مشہور ہے جس پر شیشے کا لاجواب کام کیا گیا ہے۔ قلعے میں متعدد بزرگانِ دین بھی مدفون ہیں۔ اس کے قریب حویلی مان سنگھ ہے جو ہندی فنِ تعمیر کا شاہکار ہے۔ اس حویلی کے قریب 'کالا محل' ہے۔ اس قدیم قلعے کے اندر جدید دور کے آثار بھی دکھائی دیتے ہیں۔

۳) **تسلسل کا تجزیہ:**

اوپر دیئے گئے متن کا تجزیہ کریں کہ مصنف نے کس تسلسل سے کتابچہ لکھا ہے۔

مثلاً: استقبالیہ جملے/الفاظ،

قلعہ کی خاص باتیں،

تاریخی پس منظر اور اہمیت۔

۴) **سرگرمی برائے جوڑ:**

قلعے اور اسکے ملحقہ علاقوں کا نقشہ بنائیں اور ان کے نام بھی لکھیے۔

۵) **مباحثہ:**

معلوماتی کتابچے کا متن پڑھنے اور سمجھنے کے بعد، وہ الفاظ یا جملے تلاش کریں جو عام طور پر سیاحت کے معلوماتی کتابچوں یا اشتہارات میں استعمال ہوتے ہیں۔

۶) **سرگرمی برائے گروپ:**

سرگرمی ۳ اور ۵ سامنے رکھتے ہوئے، اپنے علاقے میں موجود اہم تاریخی جگہ کے بارے میں ایک معلوماتی کتابچہ یا اشتہار مرتب کریں۔اس کے لئے کتب خانے اور آن لائن (online) تحقیق سے مدد حاصل کریں۔

۷) **موازنہ:**

اپنے بنائے ہوئے اور قلعہ روہتاس کے بارے میں دیئے گئے معلوماتی کتابچے کا موازنہ کریں۔ان میں جو مماثلت اور فرق آپ کو سمجھ آئے، ان کی ایک فہرست بنائیں۔

۸) **قواعد:**

متن میں کون کون سے 'اسم' دیئے گئے ہیں۔انکی نشاندہی کریں اور مندرجہ ذیل گوشوارے کے خانوں میں لکھیں۔

اسم معرفہ	اسم نکرہ
روہتاس	قلعہ

Vocabulary

winter موسم سرما

autumn موسم خزاں

spring موسم بہار

summer موسم گرما

Grammar in context

Nouns are of two types: اسم نکرہ or عام اسم which are common nouns and اسم معرفہ or خاص اسم which are proper nouns such as the names of people, cities and countries.

۹) فہم:

کلاس میں مندرجہ ذیل سوالات کے جوابات سمجھیں اور اپنے گھر کے کسی فرد کو بتائیں۔

۱۔ قلعہ کی کیا اہمیت ہے؟ ہمارے اس دور میں قلعہ کی کیا اشکال ہیں؟

۲۔ آپ کے خیال میں کیا قلعہ روہتاس کی تاریخی اہمیت ہے؟

Learning tip

Identify what you understand. Note what you do not understand. Fill in the gaps by asking questions and doing research.

۱۰) خالی جگہیں پُر کریں:

مناسب الفاظ کی مدد سے مندرجہ ذیل جملوں کی خالی جگہیں پُر کریں۔

ابن انشاء	بلّی	پنجاب	لڑکے
چاند تارے	باغ	سلمان	امتحان

۱۔ آسمان پر .... چمک رہے ہیں۔

۲۔ میرے والدین .... گئے ہوئے ہیں۔

۳۔ دو .... سمندر میں تیراکی کر رہے تھے۔

۴۔ .... کا موبائل ڈکیتی میں لوٹا گیا۔

۵۔ .... میں آج پھولوں کی نمائش ہے۔

۶۔ .... نے کتاب پر چائے گرادی۔

۷۔ "دنیا گول ہے"، .... کا مشہور سفر نامہ ہے۔

۸۔ محنت کے باوجود میں .... میں فیل ہوگئی۔

Challenge

Role play: Divide the class into groups of 5–6 students. In each group, one student is the travel guide and the others are tourists. The travel guide gives the tourists a tour of the Ruhtas Fort. The tourists ask questions and the guide answers their questions. Everyone must speak in Urdu.

Reflect on your learning

Skills check

In this unit, you have learnt skills in:

- **Reading**
  - □ carefully reading a given text at least twice
  - □ noting the order in which information is presented
  - □ sharing ideas and arranging information in a useful order
- **Writing**
  - □ using information to create a new document, such as a flyer
  - □ applying reading skills to produce an information leaflet such as a flyer
  - □ writing a comparison between a given document and a new document based on information from it
- **Speaking and listening**
  - □ reporting information from a leaflet such as a flyer to other people at home
  - □ researching information about a local place of interest
  - □ using information to advertise a local place of interest
  - □ taking part in a role-play, asking and answering questions about a tourist attraction such as Rohtas Fort
- **Listening**
  - □ studying a text and the vocabulary used in it
  - □ comparing one text with another
  - □ taking part in a role-play, asking and answering questions about a tourist attraction such as Rohtas Fort
- **Language**
  - □ identifying words and terms that are often used in tourist information
  - □ identifying the difference between common and proper nouns
  - □ recognising the conventions of sentence structure and punctuation in tourist information.

Exam-style questions

س۱) قلعہ روہتاس کے بارے میں دیا گیا کتابچہ پڑھ کر مندرجہ ذیل سوالات کے جوابات جہاں تک ممکن ہو، اپنے الفاظ میں تحریر کریں۔

۱) روہتاس کا قلعہ کس نے بنایا؟

۲) قلعے کی تعمیر پر کتنی لاگت آئی؟

۳) قلعے کے دروازوں کی وجہِ شہرت کیا ہے؟

س۲) مندرجہ ذیل الفاظ اس طرح جملوں میں استعمال کریں کہ ان کے معانی واضح ہو جائیں۔

قلعہ فوج محل گاؤں

۳ شطرنج

Learning objectives

In this unit, you will learn and practise skills in:

- reading – recognising how instructional information such as a manual is structured
- writing – producing an instruction manual, for example, for a game
- speaking – using an audio device to record instructions for a game such as chess
- listening – understanding and following step-by-step instructions describing simple processes.

You will also learn and practise language skills in:

- using suitable vocabulary to discuss a game such as chess
- recognising how text is broken into paragraphs
- translating, using appropriate vocabulary and sentence structures.

تعارف

یہ باب آپ کو شطرنج کھیلنا سکھائے گا۔ آپ پڑھیں گے کہ کسی بھی کھیل کی انفرادی ہدایات اور اصولوں کو کس طرح سمجھایا اور سمجھا جاتا ہے۔ اس کھیل کی مدد سے دماغی صلاحیتوں کے دُرست استعمال کی ترغیب دی گئی ہے اور عملی زندگی میں نظم وضبط اور مرحلہ وار آگے بڑھنے پر زور دیا گیا ہے۔ نیز، صحیح وقت پر درست فیصلہ کرنے کی افادیت بھی بیان کی گئی ہے۔ اِس باب میں دی گئی سرگرمیوں سے نہ صرف طلبا کی تخلیقی صلاحیتیں اُجاگر ہوں گی بلکہ اُردو قواعد سے بھی آگاہی حاصل ہوگی۔ اس باب میں غیر نصابی سرگرمیوں کی اہمیت کو بھی مدنظر رکھا گیا ہے۔

Activity

۱) اس سے پہلے کہ ہم شروع کریں:

آپ کے خیال میں شطرنج کسے کہتے ہیں؟ طلبا کی جانب سے آنے والے مختلف جوابات تحریر کریں۔

۲) **مطالعہ:**

مندرجہ ذیل متن کم از کم دو بار پڑھیں اور مشکل الفاظ کے معانی، لغت سے تلاش کریں۔

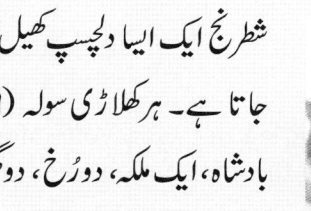

شطرنج

شطرنج ایک ایسا دلچسپ کھیل ہے جو دو کھلاڑیوں کے درمیان دوستانہ ماحول میں کھیلا جاتا ہے۔ ہر کھلاڑی سولہ (۱۶) مہروں سے یہ کھیل شروع کرتا ہے۔ اس میں ایک بادشاہ، ایک ملکہ، دو رُخ، دو گھوڑے، دو فیلے اور آٹھ پیادے یا سپاہی ہوتے ہیں۔

شطرنج کا تختہ چونسٹھ (۶۴) برابر کے خانوں پر مشتمل ہوتا ہے جو عام طور پر سفید اور کالے ہوتے ہیں۔ کھیل کی ابتدا میں تختہ اس طرح بچھایا جاتا ہے کہ سیدھے ہاتھ کا سب سے نچلا خانہ سفید ہو۔ اس کے بعد مہرے رکھے جاتے ہیں۔ اُس سے اوپر والے خانوں میں پیادے ہوتے ہیں۔ پھر رخ کونے میں رکھے جاتے ہیں، اُن کے برابر گھوڑے ہوتے ہیں۔ اس کے بعد فیلے اور پھر ملکہ ہوتی ہے۔ بچے ہوئے خانے میں بادشاہ ہوتا ہے۔

پہلی باری اُس کھلاڑی کی ہوتی ہے جسکے پاس سفید مہرے ہوں اور دوسری باری کالے مہرے والے کی ہوگی۔ ہر مہرے کی چال الگ ہوتی ہے۔ ہر چال میں کھلاڑیوں کو مہارت اور عقل مندی سے کام لینا ہوتا ہے۔ کوئی مہرہ اپنے مہرے سے آگے نہیں جا سکتا، صرف گھوڑا دوسرے مہروں کو پھلانگ سکتا ہے۔ مخالف مہرے عمدگی سے کھیل کر دوسرے مہروں کے خانوں پر قبضہ کر سکتے ہیں۔

شطرنج کا سب سے اہم مگر کمزور مہرہ بادشاہ ہے۔ وہ کسی بھی طرف ایک خانے میں جا سکتا ہے۔ کھیل کا سب سے طاقت ور مہرہ ملکہ ہے جو کسی بھی سمت جا سکتی ہے البتہ اپنے مہروں کو پھلانگ نہیں سکتی۔ رُخ صرف آگے پیچھے یا برابر جہاں تک چاہے جا سکتا ہے۔

فیلہ صرف ترچھا حرکت کر سکتا ہے۔ یہ صرف ایک ہی رنگ کے خانے پر چل سکتا ہے۔ گھوڑے کے مہرے کی حرکات و سکنات دوسروں سے بہت مختلف ہوتی ہیں۔ یہ ایک طرف دو خانے اور ایک طرف ایک خانہ یعنی (L) کی شکل میں چلتا ہے۔ صرف یہی مہرے دوسرے مہروں کو قابو کر سکتے ہیں۔ پیادے کی چال غیر معمولی ہوتی ہے اور وہ مختلف طریقوں سے مات دیتا ہے۔

شطرنج کے کھیل کا اصل مقصد مخالف مہروں کو پیٹتے یا روندتے ہوئے بادشاہ کو گھیرنا ہے، اسے شہ اور مات (Checkmate) کہتے ہیں، جس کا انحصار کھلاڑیوں کی حاضر دماغی اور مہارت پر ہوتا ہے۔

Vocabulary

The Urdu word for a manual is دستی کتاب

The Urdu words for a flyer are دستی اشتہار and معلوماتی کتابچہ

Learning tip

Be an analytic learner – sort your information into categories. This will help you to remember the information when you need it.

۳) **خاکہ نگاری:**

شطرنج کے تختے کی تصویر بنائیں اور مہرے اُن کے مقررہ خانوں میں رکھیں۔

۴) **فہم:**

ا۔ اس کھیل میں سب سے اہم ملکہ ہے یا گھوڑا؟ اپنے جواب کے لیے متن سے تفصیل حاصل کریں۔

Idiom

ہر کامیاب مرد کے پیچھے ایک عورت کا ہاتھ ہوتا ہے

"Behind every successful man, there is a woman."

Try to use this famous quotation in relation to the question.

۲۔ آپ کے خیال میں بادشاہ سب سے زیادہ کمزور کیوں ہے؟ کیا ہماری عام زندگی میں بھی ایسے ہی ملتے جلتے رجحانات پائے جاتے ہیں؟

Grammar in context

Adjectives can define a noun positively or negatively.

For example: شطرنج کا سب سے کمزور مہرہ بادشاہ ہے۔

"کمزور" is a negative adjective.

کھیل کا سب سے طاقتور مہرہ ملکہ ہے۔

"طاقت ور" is a positive adjective.

۵) **قواعد**

دیئے گئے متن سے 'اسم صفت' تلاش کریں اور مثبت اور منفی خانوں میں الگ الگ تحریر کریں۔

مثبت اسم صفت	منفی اسم صفت

۶) **مباحثہ:**

کیا شطرنج میں ہار اور جیت کا انحصار اتفاق پر ہوتا ہے؟

۷) **عملی کام:**

اپنے کسی بھی پسندیدہ کھیل کے بارے میں ایک دستی کتاب تیار کریں۔

۸) **ترجمہ نویسی:**

عبارت کے حوالے سے مندرجہ ذیل انگریزی الفاظ انکے اُردو معانی سے ملائیں۔

پیادے	Knight
کھلاڑی	Environment
ماحول	Abilities
صلاحیتیں	Player
گھوڑا	Pawns

۹) پیشکش:

جماعت میں اپنی پسند کا کوئی آلہ لائیں اور اس کا طریقۂ استعمال دیگر طلباء کو آسان زبان اور دُرست ترتیب سے سمجھائیں۔ اس سرگرمی کے لیے آپ کو ایک آسان دستی کتاب تیار کر کے بانٹنا ہوگی۔

۱۰) متضاد الفاظ:

مندرجہ ذیل تصاویر ایک یا دو الفاظ میں بیان کریں۔

Challenge

Invent a game of your own and produce a manual to explain the rules of your game.

Reflect on your learning

Skills check

In this unit, you have learnt skills in:

- **Reading**
  - ☐ reading and understanding instructions, such as the rules for the game of chess, noting how the information is structured
  - ☐ following a sequence of instructions to play a game
- **Writing**
  - ☐ creating a manual for a game
- **Speaking**
  - ☐ giving instructions clearly
  - ☐ instructing a group on using a game or other device and assessing how well they have understood the information
  - ☐ explaining the rules of a game you have created
  - ☐ discussing a topic such as the game of chess and expressing opinions clearly
- **Listening**
  - ☐ taking part in group activities that follow a specific pattern or order
- **Language**
  - ☐ understanding and using language that is specific to a topic, such as the game of chess
  - ☐ expressing opinions clearly, using appropriate vocabulary including adjectives.
  - ☐ translating, using appropriate vocabulary and sentence structures.

Exam-style questions

Sentence transformation

س۱) مندرجہ ذیل جملے فعل ماضی میں تبدیل کریں۔

ا۔ موجودہ زمانے میں شطرنج کا کھیل بہت مقبول ہے۔

۲۔ میں نے اس سال محنت کی اور کامیاب ہوگیا۔

Translate into Urdu

س۲) مندرجہ ذیل کا اُردو ترجمہ کریں۔

In chess, the bishop can only move diagonally. When I played chess for the first time, I had great fun with the bishops and the rooks. In one swoop, I would move from one end of the board to the other.

۴ فلم 'وار' کا ایک جائزہ

Learning objectives

In this unit, you will learn and practise skills in:

- reading – studying a book review and recognising the difference between facts and opinions
- writing – giving information and expressing opinions
- speaking – discussing a well-known book with a subject specialist.

You will also learn and practise language skills in:

- using appropriate vocabulary when discussing specific texts
- using appropriate grammatical structures relating to masculine and feminine nouns and verb forms.

NB: Before starting this section, recap the use of nouns and adjectives in Urdu.

تعارف

'وار' ایک مشہور پاکستانی فلم ہے جس کا جائزہ آپ اس باب میں پڑھیں گے۔ اس باب میں درجہ بندی کی صلاحیتوں کو ابھارنے کی کوشش کی گئی ہے۔ کسی فلم، ہوٹل، کتاب وغیرہ کے بارے میں اپنی رائے کا اظہار کرنا اور نکتہ ءنظر اور اہم حقائق کا خلاصہ کرنا اس باب کا مقصد ہے تا کہ آپ کسی بھی دی ہوئی صورت حال کا مجموعی جائزہ لے سکیں۔

Activity

ا) اس سے پہلے کہ ہم شروع کریں:

آپ کے خیال میں ایک فلم کے جائزے کے اہم جزو کون سے ہوتے ہیں؟ ان کی ایک فہرست بنائیں۔

۲) **مطالعہ:**

مندرجہ ذیل متن کا بغور مطالعہ کریں اور مشکل الفاظ کے معانی لغت سے تلاش کریں۔

'وار' - ایک جائزہ

میں ابھی ابھی ایک پاکستانی فلم 'وار'، جس کا گزشتہ دنوں بہت زیادہ چرچا رہا، دیکھ کر آیا ہوں۔ اس بہترین اور شاندار فلم کو دیکھ کر میں ششدر رہ گیا۔ سنیما ہال میں ہر سین پر تماشائیوں کا جوش، نعرے اور تالیاں گونج رہی تھیں اور یقین ہی نہیں ہو رہا تھا کہ یہ ایک پاکستانی فلم ہے۔ ایسا لگتا تھا کہ میں کوئی "ہالی وُڈ" کی شاندار فلم دیکھ رہا ہوں۔ اس فلم کے ڈائریکٹر، بلال لاشاری نے نہایت عمدگی سے اس فلم میں ہدایت کاری اور ایڈٹنگ کی ہے اور انڈسٹری کے دوسرے ہدایت کاروں کے لئے ایک نہایت بلند معیار قائم کر دیا ہے۔

فلم کی کہانی ایک ایسے سابق پولیس افسر (اداکار شان) کے گرد گھومتی ہے جس کا سارا خاندان دشمن ملک کی خفیہ ایجنسی نے ختم کر دیا ہے اور وہ (شان) ایک انتہائی مایوس کن اور تنہا زندگی گزار رہا ہے۔ اچانک ملک کی انسداد دہشت گردی کا سربراہ اس سے رابطہ کرتا ہے اور اسے بتاتا ہے کہ ملک میں دہشت گردی کا ایک خفیہ منصوبہ دشمن ملک کی خفیہ ایجنسی کے ایک ایجنٹ نے بنایا ہے جس کے نتیجے میں ملک میں بہت بڑی تباہی کا خدشہ ہے۔ اس میں کئی جانیں جاسکتی ہیں۔ سربراہ اس کو بتاتا ہے کہ اس منصوبے کو صرف وہی ناکام بنا سکتا ہے کیونکہ دشمن ملک کے اس ایجنٹ کو صرف اسی نے دیکھا ہے۔

اس پرانی اور موضوع کے اعتبار سے گھسی پٹی کہانی کو ڈائریکٹر بلال لاشاری نے نہایت عمدگی سے فلمایا ہے۔ گو کہ فلم طویل ہے اور اس کے کچھ حصے پانچ سے سات منٹ چھوٹے ہو سکتے تھے، مگر فلم دیکھتے وقت آپ اپنی نظریں اسکرین سے ہٹانے کی کوشش ہی نہیں کرتے۔ فلم کا ہر لمحہ، خواہ وہ لڑائی کا منظر ہو، رومانس ہو، یا حب الوطنی سے بھرپور کلائیمکس، اس عمدگی اور مہارت سے فلمایا گیا ہے کہ معلوم ہوتا ہے کہ ہم کوئی ہالی وڈ کی شاندار ایکشن فلم دیکھ رہے ہیں۔ فلم میں دیئے گئے صوتی اثرات مثلاً ہیلی کاپٹر کی آواز یا دھماکوں کی گونج اس قدر حقیقی لگتی ہے کہ آپ کو اندازہ ہی نہیں ہوتا کہ یہ پہلے سے ریکارڈ شدہ ہیں۔

اس فلم میں مرکزی کردار اداکار شان نے نبھایا ہے جو بلاشبہ ایک بہترین اداکار رہیں۔ انھوں نے ثابت کیا ہے کہ اگر ان کی صلاحیتوں کو درست انداز میں استعمال کیا جائے تو وہ اداکاری میں معجزہ دکھا سکتے ہیں۔ اسکرین پر ان کی شخصیت اور مکالموں کی ادائیگی کے انداز نے فلم کے معیار کو بہت بلندی عطا کر دی ہے اور اسکرپٹ سے بھرپور انصاف کیا ہے۔

فلم کے دوسرے اداکار شمعون عباسی ہیں جنھوں نے اس فلم میں ایک منفی کردار ادا کیا ہے۔ سچ پوچھئے تو مجھے ذاتی طور پر متعدد ٹیلی وژن ڈراموں میں ان کی کارکردگی نے زیادہ متاثر نہیں کیا تھا۔ لیکن اس فلم میں ان کی اداکاری، خصوصاً ان کی بھاری آواز اور مکالموں کی ادائیگی نے مجھے حیران کر دیا ہے۔ ان کی اداکاری نے مجھے ''ہالی وُڈ'' کے ایک ولن، بین (Ban) کی یاد دلا دی، جنھوں نے فلم ''The Dark Riser'' میں ایک منفی کردار ادا کیا تھا۔ شمعون ان سے خاصی مشابہت رکھتے ہیں۔

سپورٹنگ رول میں عائشہ خان اور میشا شفیع نے بھی زبردست کردار نبھایا ہے اور ثابت کیا ہے کہ پاکستانی اداکارائیں کھیتوں کھلیانوں میں ہیرو کے گرد رقص کرنے کے علاوہ ایکشن فلموں میں بھی اداکاری کے جوہر دکھا سکتی ہیں۔ علاوہ ازیں حمزہ علی عباسی نے، جنھوں نے اس فلم سے پہلے ایک فلم "میں ہوں شاہد آفریدی" میں اداکاری کے جوہر دکھائے تھے، اس فلم میں بھی اپنا کردار بہت خوبصورتی سے ادا کیا ہے۔ فلم کی دیگر کاسٹ میں حسن رانا اور مشہور گلوکار علی عظمت بھی شامل ہیں۔

الغرض فلم "وار" ایک بڑے بجٹ کی نہایت شاندار اور حب الوطنی کے جذبے کو اجاگر کرنے والی فلم ہے۔ میں اس کے اعلی معیار کی وجہ سے اس کو ۵/۵ نمبر دیتا ہوں۔

۳) ترجمہ نویسی:

مندرجہ ذیل جملوں کا انگریزی میں ترجمہ کریں۔

۱۔ فلم کی کہانی ایک سابق پولیس افسر کے گرد گھومتی ہے۔

۲۔ اس پرانی اور موضوع کے اعتبار سے گھسی پٹی کہانی کو بلال لاشاری نے نہایت عمدگی سے فلمایا ہے۔

۳۔ مجھے ذاتی طور پر متعدد ٹیلی وژن ڈراموں میں ان کی کارکردگی نے زیادہ متاثر نہیں کیا تھا۔

۴۔ اس بہترین اور شاندار فلم کو دیکھ کر میں ششدر رہ گیا۔

۴) سرگرمی برائے گروپ:

۳۔ چار طلبا کے گروپ بنالیں اور بنائی گئی فہرست (سرگرمی ۱) کو یکجا کر کے ایک مکمل فہرست تیار کریں۔ مندرجہ بالا جائزہ پڑھنے کے بعد اس کا اس فہرست سے موازنہ کریں۔ اگر کوئی کمی بیشی ہو تو ضرور لکھیں۔ فہرست مکمل ہونے کے بعد جماعت میں اس پر بحث کروائیں۔

Grammar in context

Changing a sentence from present tense or future tense to past tense may require not only changing the verb endings, but also making certain changes to structure of the sentence.

میں نے کھانا پکایا ہے۔ ← میں نے کھانا پکایا تھا۔

In this sentence only the verb ending has changed. However in the following example the verb has changed too.

میں آج بازار جاؤں گی۔ ← میں آج بازار گئی تھی۔

۵) **فہم:**

۱۔ یہ جائزہ آپ کو فلم 'وار' کے بارے میں کیا بتاتا ہے؟

۲۔ فلم کے مرکزی کرداروں کا ایک مختصر تعارف لکھیں؟

۳۔ یہ فلم گزشتہ پاکستانی فلموں سے کس طرح مختلف ہے؟

۶) **جملوں کی بناوٹ میں تبدیلی:**

ان جملوں کو فعل ماضی میں تبدیل کریں۔

۱۔ اس فلم میں مرکزی کردار ادا کار شان نے نبھایا ہے۔

۲۔ انھوں نے اس فلم میں ایک منفی کردار ادا کیا ہے۔

۳۔ اس نے انڈسٹری کے دوسرے ہدایت کاروں کے لئے ایک نہایت بلند معیار قائم کر دیا ہے۔

۴۔ اِس میں کئی جانیں جاسکتی ہیں۔

۵۔ فلم میں دیئے گئے صوتی اثرات حقیقی لگتے ہیں۔

۷) **اظہارِ رائے:**

کیا آپ کے خیال میں فلم 'وار' کی کہانی حقیقت سے قریب ہے؟ اپنی رائے بیان کریں۔

Vocabulary

Learn the gender of the noun. In Urdu every noun is either masculine or feminine. That determines the “to be” verb that will be used in the sentence.

For example, the Urdu word for “book” is feminine and that the word for “narration” is masculine which is why

'کتاب' لکھی جاتی ہے اور 'قصہ' لکھا جاتا ہے۔

۸) جملوں کی ساخت میں تبدیلی:

'مذکر جملے' 'مؤنث جملوں' میں تبدیل کریں۔

۱۔ میں ابھی ابھی ایک پاکستانی فلم دیکھ کر آیا ہوں۔

۲۔ ہمارے اداکار ایکشن فلموں میں اداکاری کے جوہر دکھاتے ہیں۔

۳۔ وہ ایک مشہور گلوکار ہے۔

۴۔ مصنف کتاب کا جائزہ لکھ رہا ہے۔

۵۔ پڑوسی ایک ایماندار درزی ہے جو اچھے کپڑے سیتا ہے۔

۹) فلم کا جائزہ:

اپنی پسند کی کسی بھی ایسی فلم کا جائزہ لکھیں جس کی کہانی کسی کتاب پر مبنی ہو۔ اس میں فلم کے مثبت اور منفی دونوں پہلوؤں پر روشنی ڈالیں۔ اس کے بعد اس کتاب کا بھی جائزہ لیں اور جماعت میں اس پر تبصرہ کریں۔

۱۰) قواعد:

دیئے گئے متن سے کوئی بھی دس اسم اور دس اسم صفت تلاش کر کے لکھیں۔ نیز اُن سے جملے تحریر کریں۔

> **Learning tip**
> It's not easy being neutral while writing a review. Even if you want to take sides, look for the positives and the negatives both in whatever you are reviewing.

> **Challenge**
> Pick a restaurant or a café and write a review on it. Make sure the review discusses the positive as well as the negative traits of the restaurant.

Reflect on your learning
Skills check

In this unit, you have learnt skills in:

- **Reading**
  - ☐ reading a text such as a review at least twice, to assess the content
  - ☐ critically analysing text and identifying fact and opinion in a review
  - ☐ assessing facts and opinions in a review and how they relate to the content of the text

- **Writing**
  - ☐ evaluating a review and identifying how the reviewer's opinion is influenced by their own ideas and interpretation of the text
  - ☐ writing a review on a text, summarising the pitfalls to avoid
  - ☐ describing the pros and cons of a review in the context of what is being reviewed
  - ☐ producing an overall summary of a group's assessment of a review

- **Speaking and listening**
  - ☐ taking part in group discussion and presenting a summary of the opinions of the group
  - ☐ critically discussing a well-known book with a subject specialist

- **Language**
  - ☐ translating sentences that include masculine and feminine nous and verb forms
  - ☐ using appropriate vocabulary in discussions and translations
  - ☐ constructing sentences to put nouns and adjectives in a sample text into context.

Exam-style questions

س۱) موزوں لفظ لکھ کر خالی جگہیں پر کریں:

۱۔ ۔۔۔۔۔۔۔۔۔۔ کو بیان کرنے کا انداز ۔۔۔۔۔۔۔۔۔۔ ہے۔

۲۔ تعلیم اور معاشرے کا ۔۔۔۔۔۔۔۔۔۔ اہم سمجھا جاتا ہے۔ تعلیم صرف ۔۔۔۔۔۔۔۔۔۔ کے حصول کا نام نہیں۔ یہ کسی بھی ۔۔۔۔۔۔۔۔۔۔ کو بیدار کر سکتی ہے۔

انوکھا	منفرد	رشتہ	تعلق
سند	قوم	دلچسپ	کہانی

س۲) مندرجہ ذیل محاورات جملوں میں استعمال کریں۔

۱۔ آنکھوں میں پھرنا

۲۔ قلمبند کرنا

خلاصہ نگاری

یہ باب خلاصہ نگاری پر مبنی ہے۔ خلاصہ لکھنے کے لئے ضروری ہے کہ آپ دی گئی عبارت کو غور سے پڑھیں اور پھر ذیل میں دیے گئے نکات کے مطابق اپنے الفاظ میں مختصراً لکھیں۔ خلاصے کا اصل مقصد مختصر انداز میں ایک جامع پیرایہ لکھنا ہے۔

مندرجہ ذیل عبارت کو پڑھ کر آخر میں دیے گئے اشارات کی مدد سے سو الفاظ پر مشتمل خلاصہ لکھیں۔

دنیا بھر میں مختلف لوگ متعدد طریقوں سے تمباکو نوشی کی عادت میں مبتلا ہیں، جس میں پائپ، سگار، حقہ، تمباکو کے علاوہ پان یا سگریٹ شامل ہیں۔ یہ تمام طریقے لوگوں کے لئے اپنی اپنی جگہ پسندیدہ ہیں، لیکن تمباکو نوشی کا سب سے مقبول ذریعہ سگریٹ ہے۔ کسی زمانے میں صرف بڑی عمر کے مرد ہی سگریٹ نوشی میں مبتلا تھے، لیکن موجودہ دور میں خواتین اور نوجوان بھی بطور فیشن یا شوق اس کو اپنا رہے ہیں۔ الیکٹرانک میڈیا سگریٹ نوشی کے مضر اثرات دکھانے میں اہم کردار ادا کر رہا۔ اب نوجوانوں کو کون سمجھائے کہ وہ تمباکو نوشی سے اپنی عمریں گھٹا رہے ہیں جیسے جلتی ہوئی موم بتی۔ ماہرین کی رائے میں سگریٹ نوشی، بہ نسبت بڑی عمر کے لوگوں کے، جوانی میں زیادہ نقصان دہ ثابت ہوتی ہے۔ اس سے نہ صرف پھیپھڑوں کے سرطان جیسا موذی مرض ہو سکتا ہے، بلکہ یہ دل کے لئے بھی خطرناک ہے۔ سگریٹ نوشی سے انسان کی حس ذائقہ بھی متاثر ہوتی ہے۔ نیز اگر کوئی شخص لوگوں کے درمیان بیٹھ کر سگریٹ پیتا ہے تو اس سے وہاں موجود افراد کی صحت پر، خواہ وہ سگریٹ نہ بھی پی رہے ہوں، اس کے برے اثرات مرتب ہوتے ہیں۔ اسی لئے اکثر ممالک میں عوامی جگہوں مثلاً بس اور ہوائی اڈوں، خریداری کے مراکز، سینما گھروں اور دوران سفر سگریٹ نوشی پر پابندی لگا دی گئی ہے۔

اگر انسان اس بری عادت پر قابو پانا چاہے تو یہ صرف مضبوط قوت ارادی اور مصمم ارادے سے ہی ممکن ہے۔ اس کے علاوہ لوگوں میں اس کے نقصانات کا شعور پیدا کرنے میں ذرائع ابلاغ بھی اہم کردار ادا کر سکتے ہیں۔

اشارات:

۱) تمباکو نوشی کے مختلف طریقے

۲) سگریٹ کی مقبولیت

۳) جان لیوا اثرات

۴) سرکاری پابندی

۵) پختہ ارادہ

خلاصہ

تمباکو نوشی کے مختلف طریقے ہیں۔ اس میں سگریٹ نوشی سب سے مقبول طریقہ ہے۔ یہ بڑی عمر کے مردوں، خواتین اور نوجوانوں میں یکساں مقبول ہے۔ الیکٹرانک میڈیا سگریٹ نوشی کے مضر اثرات دکھانے میں اہم کردار ادا کر رہا ہے۔ تمباکو نوشی کے اثرات جان لیوا ہیں۔ اس سے انسان کی عمر بھی کم ہوتی ہے اور صحت پر جو بُرے اثرات پڑتے ہیں اُن میں سرطان، دل کی بیماریاں اور انسان کی حس ذائقہ کا متاثر ہونا شامل ہیں۔ اگر کوئی شخص لوگوں کے درمیان بیٹھ کر سگریٹ پیتا ہے تو ان کی صحت پر بھی اس کے برے اثرات مرتب ہوتے ہیں۔ اسی لئے اکثر ممالک میں عوامی جگہوں پر سگریٹ نوشی پر پابندی لگا دی گئی ہے۔ انسان چاہے تو مضبوط قوت ارادی سے اس بری عادت سے چھٹکارا حاصل کر سکتا ہے۔

Points to remember

Follow these steps to write a good summary.

1) Read the passage carefully, at least twice.
2) Use the hints given at the end of the passage to help you summarise the text.
3) Strike through any unnecessary details and repeated words but be sure to keep the main ideas of the passage and the flow of the text.

Now summarise the following paragraph.

میں ایک سرکاری اسکول میں پڑھ رہا ہوں۔ میں ایک ایسے علاقے میں رہتا ہوں جہاں ملی جلی آبادی ہے۔ میرے گھر کے سامنے کچھ دکانیں ہیں جن میں کپڑے سینے والے اور لکڑی کا کام کرنے والے کی دکان شامل ہے۔ دوسری طرف ایک عمارت ہے جس کی نچلی منزل پر لوگوں کا علاج کیا جاتا ہے اور اوپر کی منزل پر بچوں کو پڑھایا جاتا ہے۔ ان میں سے زیادہ تر لوگ خرید و فروخت میں بے ایمانی کرتے ہیں۔ میں اکثر سوچتا ہوں کہ کاش میں ایسا کر سکوں کہ لوگوں کو صحیح راستہ اپنانے اور محنت کرنے پر آمادہ کر سکوں۔ کیونکہ دن رات کام کرنے والوں کو صلہ ضرور ملتا ہے۔

Section 2: Narrative

Section introduction

In this section, you will work on narrative texts such:

- articles
- biographies
- travelogues
- reports

and practise writing stories.

You will develop your speaking and writing skills and use them in social situations.

This section leads into the activities in later sections. There is emphasis on Urdu vocabulary, idioms, proverbs and sentence structures.

The language activities will show you how to use different styles for narrative texts ranging from essays and stories to dialogues and presentations.

۵ — پروین شاکر کا سفر

Learning objectives

In this unit, you will learn and practise skills in:

- Reading – organising and sequencing information
- Writing – using an appropriate style for writing a biography; using appropriate vocabulary to convey information concisely
- Speaking – giving information and describing experiences, thoughts and opinions

You will also learn and practise language skills in:

- Choosing vocabulary to discuss various diseases
- Using positive and negative forms of expression (homophones)
- Using the future tense of verbs
- Following conventions of paragraph and sentence structure for writing a biography.

تعارف

آپ شاعرہ، پروین شاکر کی یاد میں لکھا گیا ایک مضمون پڑھیں گے جو ۱۹۹۵ء میں قومی اخبار میں شائع ہوا تھا۔ اس میں اردو ادب اور شاعری کے بارے میں معلومات فراہم کی گئی ہیں اور نوجوان شعراء کی زبانی نئی نسل کو پیغام دیا گیا ہے کہ دنیا کے نشیب و فراز کا سامنا کس طرح کیا جا سکتا ہے۔ اس کے علاوہ نصاب میں اس کی شمولیت کا مقصد طلبا کو سوانح عمری لکھنا سکھانا ہے۔ آپ یہ بھی سیکھیں گے کہ ایک سوانح عمری کے ذریعے کس طرح ایک شخصیت کا معاشرے میں کردار سامنے آتا ہے۔

Activity

۱) اس سے پہلے کہ ہم شروع کریں:

دنیا کی مختلف معروف شخصیات کی تصاویر طلبا کو دکھائیں۔ ان شخصیات کی ادبی خدمات کے بارے میں گفتگو کریں۔

۲) **مطالعہ:**

مندرجہ ذیل متن غور سے پڑھیں اور مشکل الفاظ کے معانی لغت سے تلاش کریں۔ مضمون میں دی گئی ترتیب اور تفصیلات پر غور کریں۔

پروین شاکر کا سفر

از ضیاء الاسلام زبیری

پروین شاکر کی بے وقت موت پر بہت کچھ کہا جا رہا ہے۔ وہ ایک مقبول شاعرہ کے علاوہ ایک انتہائی اچھی دوست بھی تھیں۔ اُنھوں نے شاعری میں یہ مقام اتنے کم عرصے میں حاصل کیا جس میں بہت سے شاعر اپنا قافیہ اور ردیف بھی صحیح نہیں کر پاتے۔ یہ ان کی بے پایاں ذہانت کا ثبوت تھا۔ وہ ایسا زمانہ تھا جب کراچی روشنیوں کا نہیں، ذہانت، علمی اور ادبی بلندیوں کا شہر تھا۔ یہاں کے نوجوان عقل و دانش کے گوہر کی طرح یوں بکھرے ہوتے تھے جیسے سمندر کے کنارے سیپیاں۔ پروین شاکر کے دور میں جب مباحثے ہوتے تو پورے شہر میں نوجوان مقرر اپنی علمی اور ادبی صلاحیتوں کا مظاہرہ کرتے تھے۔ صرف جامعہ کراچی کے 'سر ضیاء الدین یادگاری مباحثے' کے شرکاء کی تعداد سو کے لگ بھگ ہوتی۔ ان میں کم از کم دس شخصیات کے نام آج بھی اپنے اپنے شعبے میں سرفہرست نظر آتے ہیں۔ مثلاً جناب دوست محمد فیضی، محترمہ خوش بخت شجاعت، محترمہ فائزہ صدیقی، جناب سید احمد، جناب یونس شرر اور جناب (شہید) ظہور الحسن بھوپالی وغیرہ۔ محترمہ پروین شاکر کی شاعری کوئی حادثاتی یا واقعاتی کرشمہ نہ تھی بلکہ انھوں نے شاعری کے میدان کا انتخاب اُس دور میں کیا جب کراچی کے طلبا کی قابلیت کا ڈنکا پورے ملک میں بج رہا تھا۔ پروین شاکر نئی نسل کی شاعرہ بھی تھیں اور اس کے بارے میں فکرمند بھی۔

پروین شاکر محبت کی شاعرہ تھیں۔ وہ اپنے دل میں چھپے ہوئے احساسات کو اشعار میں ڈھالتی تھیں۔ ان کی شاعری میں کوئی بناوٹ نہیں تھی اور وہ قارئین کے سامنے دل کھول کر رکھ دیتی تھیں۔

نجانے کیوں جب میں اُن کی بے وقت موت کا سوچتا ہوں، حیدرآباد کے جواں مرگ شاعر، قابل اجمیری کی بہت یاد آتی ہے۔ اس کا دق جیسے موذی مرض میں جان دینا کسی حادثے سے کم نہیں۔ یہ دونوں شاعر اپنے پیچھے ایک سفر نا تمام چھوڑ گئے۔ انھوں نے زندگی میں چوٹ کھا کر ہنسنا سیکھا۔ ان کی شاعری میں دکھوں کے ساتھ ساتھ غیر یقینی حالات کا عکس بھی ملتا ہے اور زندہ رہنے کا عزم بھی۔

جی رہا ہوں اس اعتماد کے ساتھ زندگی کو میری ضرورت ہے

پروین شاکر کا ایک پندرہ سالہ بیٹا، گیتو بھی ہے جو ایک شفیق ماں اور زندگی بھر کی ساتھی سے بچھڑ گیا۔ دنیا تو رسمی اجلاس بلاکر کسی حد تک بھول ہی جائے گی، مگر اس بچے کے سہانے دن کون لوٹائے گا؟ پروین شاکر خوش نصیب تھیں کہ 'تمغۂ حسن کارکردگی' اور 'آدم جی ادبی انعام' ان کی زندگی میں ہی مل گئے۔ شاعری کے ساتھ ساتھ تعلیمی میدان میں بھی انہوں نے نمایاں کامیابیاں حاصل کیں جس میں سی۔ایس۔پی کا امتحان اور ہارورڈ یونیورسٹی سے ماسٹر ڈگری کا حصول شامل ہے۔ موت کے وقت وہ اسلام آباد میں ڈپٹی کلکٹر کسٹم کے عہدے پر فائز تھیں۔ پروین شاکر کی زندگی اور موت دونوں میں نوجوان نسل کے لئے ایک پیغام ہے کہ کامیابی محنت کے راستے پر چلنے والے کے قدم ضرور چومے گی اور وہ معاشرے میں باعزت مقام حاصل کرے گا۔ ان کی بے وقت موت پر ان کے ساتھی انہی کے الفاظ میں نوحہ کناں ہیں:

چہرہ نہ دکھا، صدا سنا دے　　　جینے کا ذرا توحوصلہ دے
دکھلا کسی طور اپنی صورت　　　آنکھوں کو مزید مت سزا دے

Grammar in context
The uses of “ نہ ” and “ نا ” are diffrent. The former is used as a separate negative word where as the latter is used as a negating prefix.

For example, نااہل اور نامنظور as compared to
وہ نہ کھانے پکانے کی اہل ہے نہ کپڑے سینے کی

Vocabulary
You should know the Urdu names for the following ailments:

cancer	سرطان
tuberculosis	تپ دق
cholera	ہیضہ
dysentery	پیچش
cardiovascular disease	عارضۂ قلب

۳) تفہیم:

۱۔ مضمون میں پروین شاکر کی کن شاعرانہ خوبیوں کا ذکر ہے؟
۲۔ مصنف نے پروین شاکر کا کس دوسرے شاعر سے موازنہ کیا ہے؟
۳۔ ان کی تعلیمی قابلیت کے بارے میں آپ کا کیا خیال ہے؟
۴۔ عبارت سے 'نہ' اور 'نا' کی تین امثال تلاش کریں اور لکھیں۔

(۴) سوانح نگاری:

اپنی پسندیدہ شخصیت کا انٹرویو لیں۔ سوالوں کے جوابات درج کریں۔ اس کو ایک سوانحی مضمون کی شکل دے کر تحریر کریں۔

> **Learning tip**
> Whenever you interview and/or write about a person, make sure you keep these in mind:
> 1. What makes this person interesting or special?
> 2. What kind of effect has he or she had on the world or other people?
> 3. What adjectives would you use most to describe this person?
> 4. What examples from their life illustrates those qualities?
> 5. What events shaped or changed this person's life?
> 6. How did they overcome obstacles and were they successful? What can we learn from them?
> 7. Have they made a positive or negative impact in this world?

(۵) قواعد

مندرجہ ذیل جملوں کے 'فعل مستقبل' کون سے ہیں۔

جملے	فعل مستقبل
۱۔ پروین شاکر کی بے وقت موت پر بہت کچھ کہا جاتا ہے۔	یہ اِن کی بے پایاں ذہانت کا ثبوت ہوگا۔
۲۔ کراچی کے طلبا نے پورے ملک میں اپنی قابلیت کا ڈنکا بجوایا۔	وہ ایک مقبول شاعرہ کے علاوہ ایک انتہائی اچھی دوست بھی جانی جائیں گی۔
۳۔ یہ اِن کی بے پایاں ذہانت کا ثبوت تھا۔	پروین شاکر کی بے وقت موت پر بہت کچھ کہا جائے گا۔
۴۔ آج بھی اپنے اپنے شعبے میں سرفہرست نظر آتے ہیں۔	کل بھی اپنے اپنے شعبے میں سرفہرست نظر آئیں گے۔
۵۔ وہ ایک مقبول شاعرہ کے علاوہ ایک انتہائی اچھی دوست بھی جانی جاتی تھیں۔	کراچی کے طلبا پورے ملک میں اپنی قابلیت کا ڈنکا بجوائیں گے۔

۶) تشریح:

مندرجہ ذیل بند کی مختصر تشریح کریں۔

چہرہ نہ دکھا، صدا سنا دے   جینے کا ذرا تو حوصلہ دے
دکھلا کسی طور اپنی صورت   آنکھوں کو مزید مت سزا دے

۷) مکمل کریں:

مندرجہ ذیل الفاظ کی مدد سے عبارت مکمل کریں۔

سادہ   قاری   اوسط   تفاصیل   فائدہ   چائے
واضح   تحریر   لغت   بے زار   مثال   غیر ضروری

_____ لکھتے وقت کچھ باتوں کا خیال رکھنا ضروری ہے۔ پہلا یہ ہے کہ آپ یہ فرض نہ کریں کہ _____ اتنی ہی معلومات رکھتا ہے جتنی آپ کی ہیں۔ اگر قاری کو آپ کی _____ سمجھنے کے لیے بار بار _____ کا استعمال کرنا پڑتا ہے تو وہ جلد _____ ہو جائے گا۔ اپنی تحریر کو واضح اور _____ رکھیں۔ اگر آپ سمجھتے ہیں کہ _____ درجے کا قاری آپ کی تحریر میں کوئی چیز نہیں سمجھ پائے گا تو اس کی وضاحت اس طرح بیان کریں کہ پڑھنے والوں پر _____ ہو جائے کہ آپ کیا کہنا چاہ رہے ہیں۔ ایک اور چیز جس پر دھیان دینا اہم ہے وہ یہ ہے کہ _____ چیزوں پر اٹک جانا اور لمبی لمبی _____ لکھنا دلچسپی کو ختم کر دیتا ہے۔ اس کی ایک _____ یہ ہے کہ آپ یہ بیان کریں کہ آپ دن میں کتنی _____ اور کافی پیتے ہیں۔ اس سے قاری کو کوئی مطلب نہیں۔

Challenge

Interview and biograph a local hero and have it printed in a magazine.

۸) **جملے کی ساخت میں تبدیلی:**

مندرجہ ذیل سادہ جملوں کو سوالیہ جملوں میں تبدیل کریں۔

۱۔ میں اپنی فراغت میں مطالعہ کرتی ہوں۔

۲۔ تمہارے لیے سب سے اہم چیز وقت کی پابندی ہے۔

۳۔ ''ہمیں ہر کسی سے سیکھنا چاہیے خواہ بڑا ہو یا چھوٹا''۔

۴۔ اُس نے اپنی جوانی لوگوں کی خدمت میں نہیں گزار دی۔

۵۔ وقت ہمارے لیے سب سے اہم ہے۔

۹) **آپ بیتی:**

ایک سوانح لکھنے کے اُصول اور قاعدے آپ نے سمجھ لیے ہیں۔ اُن کے مطابق اپنی آپ بیتی لکھیں۔

Reflect on your learning
Skills check

In this unit, you have learnt skills in:

- **Reading**
  - ☐ Reading a passage and noting how details are presented, for example, in a biography or an obituary
  - ☐ Collecting information and putting it into a logical order to create a comprehensive biography
- **Writing**
  - ☐ Composing appropriate questions to find information
  - ☐ Writing a biography, based on an interview, using appropriate vocabulary
  - ☐ Recording thoughts, feelings and experience to prepare a short autobiography
  - ☐ Writing a short autobiography in dear and interesting language
  - ☐ Sorting information and editing out negative or unhelpful content
- **Speaking and listening**
  - ☐ Taking part in a group discussion about a well-known person
  - ☐ Interviewing an interesting person
- **Language**
  - ☐ Practising Urdu vocabulary relating to various diseases
  - ☐ Using positive and negative forms of expression
  - ☐ Using the future tense of verbs
  - ☐ Practising sentence structure and use of paragraphs in a context such as a biography

Exam-style questions

س۱) اس باب میں دی گئی عبارت غور سے پڑھ کر دیئے گئے سوالات کے جوابات اپنے الفاظ میں تحریر کریں:

۱۔ پروین شاکر کے دور میں کراچی کا ادبی ماحول کیسا تھا؟

۲۔ اس عبارت میں نوجوانوں کو کیا پیغام دیا گیا ہے؟

س۲) مندرجہ ذیل محاورات کے جملے بنائیں۔

۱۔ ڈنکا بجنا

۲۔ آسمان چھونا

٦ معاشرے کے درخت

Learning objectives

In this unit, you will learn and practise skills in:

- Reading – understanding the content of a short story; distinguishing between facts, ideas and opinions
- Writing – deducing information from a text
- Speaking and listening – sharing ideas and sorting information through discussion

You will also learn and practise language skills in:

- Using pronouns, phrases and idioms in the context of school and teacher-parent relationships and in story writing
- Following conventions of punctuation, paragraphs and sentence structure in story telling and character sketching
- Choosing the appropriate style for writing stories, dialogue and biography

تعارف

آپ ایک مختصر کہانی کا مطالعہ کریں گے۔ کہانی میں معاشرے کے مختلف کرداروں پر روشنی ڈالی گئی ہے، خصوصاً معذور بچوں کو سبب بنا کر والدین اور اساتذہ کا معاشرے کی تکمیل میں کردار اجاگر کیا گیا ہے جو کہ معاشرتی عمارت کے ستون ہیں۔ علاوہ ازیں، اس بات سے آگاہی دلائی گئی ہے کہ ہر فرد خواہ وہ معذور ہو یا صحت مند، طالب علم ہو یا ملازم پیشہ، معاشرے میں اس کا ایک کردار ہے۔ اس باب کے ذریعے آپ تاثرات کا درست استعمال سیکھیں گے۔ مزید زبان دانی کے اعتبار سے اپنی رائے کا بذریعہ تحریر بہترین اظہار کرنا اس باب کی سرگرمیوں کا مرکز ہے۔

Activity

۱) اس سے پہلے کہ ہم شروع کریں:

آپ کے خیال میں تصوراتی کہانی اور رپورٹ میں کیا فرق ہے؟

تصوراتی کہانی	رپورٹ

۲) مطالعہ:

مندرجہ ذیل کہانی پڑھیں اور مشکل الفاظ کے معانی لغت سے تلاش کریں۔

معاشرے کے درخت

اپنے بیٹے، راشد کو اسٹیج کی طرف جاتے دیکھ کر آمنہ کی آنکھیں بھر آئیں۔ تقسیمِ اسناد کا دن تھا اور تمام طلبا کو ان کے اعزازات تقسیم کئے جا رہے تھے۔ جب راشد کا نام پکارا گیا اور اُسے سند دی گئی تو آمنہ کا چہرہ خوشی سے کھِل اٹھا۔ اس کے بعد راشد کو ایک اور سند دی گئی اور چیر پرسن نے اسے گلے لگایا۔ اُس کے علاوہ تین اور طلبا کو یہ اضافی سند دی گئی جس کے بعد ان چار طلبا نے صدرِ اسکول سے مصافحہ کیا، شاباش لی اور اِن کے برابر جا کر کھڑے ہوگئے۔ باقی طلبا اپنے انعامات اور اسناد وصول کر کے اپنی اپنی نشستوں پر جا بیٹھے۔

جونہی مائیک کی کھڑکھڑاہٹ گونجی، سب روسٹرم کی طرف متوجہ ہوئے۔ میزبان، حاظرین کی طرف نظر دوڑاتے ہوئے ایک بار پھر ان سے مخاطب ہوئے۔ طلبا کو اور ان کے اساتذہ کو ان کی اَن تھک محنت پر داد دی۔ اس کے ساتھ ساتھ ان کے روشن مستقبل کے لیے دعا دی۔ اس کے بعد انھوں نے اپنی دائیں جانب کھڑے چار طلبا کی طرف رخ کیا اور ہاتھ کے اشارے سے مجلس کو ان کی طرف متوجہ کیا۔ انھوں نے مزاحاً پوچھا، ’کیا انہیں

الگ سے سزا کے لیے کھڑا کیا گیا ہے؟'۔ پھر وضاحتاً حاظرین کو بتایا کہ اسکول نے ایک رضا کارانہ پروگرام منعقد کیا، جس میں طلبا کو کم مراعات یافتہ اور معذور بچوں کی تعلیم و تربیت میں شرکت کرنے کا موقع ملا تاکہ پرجوش نوجوان اُنہیں بنیادی تعلیم دے سکیں اور وہ پڑھنا اور لکھنا سیکھ لیں۔ میزبان نے اپنا حلق صاف کیا اور پھر کہا: ''یہ پروگرام ایک والدہ نے تجویز کیا تھا جو معذور لوگوں کے ادارے میں کام کر رہی تھیں۔ ہم نے اس تجویز کو عملی جامہ پہنایا اور ان طلبا نے اس پروگرام میں شرکت کر کے اِسے بڑی محنت سے کامیاب بنایا۔ یہ آسان کام نہیں تھا۔ اس میں ان کے والدین اور اساتذہ نے بھر پور شرکت کی۔ آج ہم آپ کے سامنے ان فاضلوں کے، جو خود شاگرد ہیں، اُن کے فاضل پیش کرتے ہیں''۔ اسی کے ساتھ میزبان فخریہ انداز میں داخلی دروازے کی طرف مڑے اور کچھ اشارہ کیا۔

دروازہ کھولنے پر چند ننھے بچے اندر آئے۔ ان میں سے کچھ لنگڑاتے، کچھ اُچھلتے اور کچھ وہیل چیئر پر اسٹیج کی طرف آئے اور خوشی سے اپنے نوجوان اساتذہ سے جا ملے۔ وہ سارے اسٹیج پر قطار بنا کر کھڑے ہو گئے اور ان کے والدین و اساتذہ ان کے پیچھے کھڑے ہو گئے۔

ایک ہی آواز میں حروفِ تہجی اور نغمات سنانے شروع کیے۔ اس کے بعد بچے دو گروہوں میں بٹ گئے اور ریاضی کا ایک آسان مقابلہ ہوا جس پر حاظرین نے خوشی سے تالیاں بجائیں۔ ان بچوں کے چاروں نوجوان اساتذہ نے انہیں تھپکی دی اور گلے لگایا۔ راشد نے، جو صدرِ جماعت بھی تھا، آگے بڑھ کر روسٹرم پر ان تجربات کو چند جملوں میں سمیٹتے ہوئے کہا: ''ان زبردست بچوں کو تعلیم دینے کے عمل اور سفر میں ہمیں یہ احساس ہوا کہ ہم بیک وقت اپنی تعلیم کے ساتھ ساتھ دوسروں کے لیے بھی کتنے مفید ثابت ہو سکتے ہیں۔ انھوں نے ہماری تربیت کی اور ہم نے ان سے اہم سبق سیکھے''۔ اس نے اپنے جذبات کو قابو کیا اور پھر کہا: ''ہم اپنے والدین و اساتذہ کا دل کی گہرائیوں سے شکریہ ادا کرتے ہیں جن کے بغیر اس مقام پر پہنچنا بہت دشوار تھا۔ ہم تمام اسکولوں کے سربراہوں سے گزارش کرتے ہیں کہ اس قسم کے پروگراموں کی حوصلہ افزائی کریں اور طلبا اِن میں حصہ لیں تاکہ معاشرے میں مثبت تبدیلی آئے''۔

۳) تفہیم:

۱۔ کہانی میں چار طلبا نے ایسا کیا کیا جس کی بنا پر اُنہیں خراجِ تحسین پیش کیا گیا؟

۲۔ نوجوان اساتذہ اور ان کے ننھے شاگردوں کا رشتہ کس طرح کا تھا؟

۳۔ آپ راشد کے نقطۂ نظر سے اتفاق کرتے ہیں کہ 'ہم بیک وقت اپنی تعلیم کے ساتھ ساتھ دوسروں کے لیے مفید ثابت ہو سکتے ہیں'؟

۴) محاورات:

مندرجہ ذیل محاوروں کا مطلب لکھیں۔

آنکھ بھر آنا   پس پشت ڈالنا   کھِل اُٹھنا   ہاتھ ملانا

Vocabulary
principal — صدر
administrator — منتظم
management — انتظامیہ

۵) محاورات کا استعمال:

موزوں محاورات لکھ کر مندرجہ ذیل خالی جگہیں پُر کریں۔

"ہم باغ میں کھیل رہے تھے اور بہت شور مچایا ہوا تھا۔ کھیلتے کھیلتے گیند ایک منّے کے چہرے پر جا لگی۔ اس کی والدہ _____ اور ہم کو _____ جب وہ ہماری والدہ کے پاس آئیں تو ہم نے _____ اور امی سے بولا کہ یہ _____ اس پر ہماری والدہ نے بھی ہمیں _____ ان کی ڈانٹ سن کر ہم _____ اور ہم نے معافی مانگ کر _____ اس کے بعد ہمارا _____ کچھ دیر بعد ہمارے _____ شروع ہوگئے۔ گیٹ پر فرنچ فرائز والا کھڑا ہوتا تھا۔ اس سے ہم نے چٹ پٹے فرنچ فرائز خریدے اور دیوار پر بیٹھ کر خوب مزے لے کر کھائے۔ کافی وقت ہم ایسے _____ پھر دوبارہ ہم نے _____ جس پر ہماری والدہ ہمیں گھر لے آئیں۔"

محاورہ	معانی
آسمان سر پر اُٹھا لینا	بہت شور کرنا
پیٹ میں چوہے دوڑنا	سخت بھوک لگنا
بات کا بتنگڑ بنانا	معمولی اور چھوٹی بات کو بڑا بنا دینا
پانی پانی ہونا	شرمندہ ہونا
قصہ پاک کرنا	معاملہ ہی ختم کرنا
آڑے ہاتھوں لینا	خوب ڈانٹنا
جی کھٹا ہونا	بیزار ہونا
ہاتھ پر ہاتھ رکھ کر بیٹھنا	بے کار بیٹھنا
آنکھیں بدلنا	بے مروّت ہو جانا
الٹی سیدھی سنانا	خوب باتیں سنانا
آپے سے باہر ہونا	غصے سے بے قابو ہونا

٦) کہانی نویسی کا تجزیہ:

مندرجہ بالا مختصر کہانی کا مطالعہ کریں ۔ کہانی کے مختلف عناصر مندرجہ ذیل خانوں میں درج کریں۔ پہلا عنصر آپ کے لیے مثال کے طور پر کر دیا گیا ہے۔

موضوع	کسی کہانی کا مرکزی خیال یا عنوان	دوسروں کے کام آنا کسی بھی حالت میں
پلاٹ	وہ واقعات جس پر کہانی بنی ہوتی ہے	
سیٹنگ	کہانی کے محل وقوع اور پس منظر	
کردار	کہانی میں شامل لوگ جن کے ذریعے واقعات پیش کیے جاتے ہیں	
تنازع	وہ عدم مطابقت جو دو یا اس سے زائد کرداروں یا قوتوں کے درمیان پیدا کی جائے۔ اس سے تناؤ اور دلچسپی برقرار رہتی ہے۔	

Challenge

Try to infer the moral of this short story. When you write your own story, include message in your narrative.

٧) قواعد۔ زبان دانی:

مندرجہ ذیل مذکر کے مؤنث تحریر کریں۔

طالب　　استاد　　بچہ　　بیٹا　　باپ

۸) جملے کی ساخت میں تبدیلی:

ان جملوں کو جمع جملوں میں تبدیل کریں۔

> **Grammar in context**
> The use of ان as a pronoun signifies plural or respect, depending on the context.

۱۔ دلاور کی آنکھ میں زخم ہے۔

۲۔ وہ نوجوان اچھی تقریر کرتا ہے۔

۳۔ میری سند پر میرا نام غلط درج ہوا ہے۔

۴۔ اس عبارت کا جملہ شروع میں لکھنا چاہیے۔

۵۔ جماعت کے دروازے پر ایک گھنٹی لٹکی ہوئی ہے۔

۶۔ گھر کے کام میں ایک سبق پڑھنا ہے۔

۷۔ تقریب کا پروگرام پُرلطف تھا۔

۸۔ اسکول کینٹین میں قطار میں کھڑا ہونا پڑتا ہے۔

۹) کردار سازی:

کسی بھی کہانی کی جان اس کے مرکزی کردار میں ہوتی ہے۔ کردار تخلیق کرتے وقت چند چیزوں کا دھیان رکھنا پڑتا ہے۔ اس کا حلیہ، پسِ منظر، دوسرے کرداروں سے رشتہ، اور سب سے اہم یہ کردار آپ کی کہانی کے ذریعے کیا پانا یا حاصل کرنا چاہتا ہے۔

مندرجہ بالا نکات پر مبنی ایک کردار تخلیق کریں۔ ایک تصوراتی خاکہ استعمال کریں۔

شکل و صورت اور حلیہ
کردار کی خصوصیات
دوسرے کرداروں سے تعلق
کیا پانا چاہتا ہے / مقصد کیا ہے؟
کن حالات کا سامنا کر رہا ہے؟

اب ان نکات کے مطابق ایک عبارت تحریر کریں۔

Learning tip
A story always progresses through three stages:

- Introduction
- Body
- Conclusion.

۱۰) **کہانی نویسی:**

اپنی پسند کی کوئی کہانی لکھیں اور سرگرمی ۹ میں جو مرکزی کردار تخلیق کیا گیا ہے، اس خیالی خاکے کی مدد سے یہ کہانی مکمل کریں۔ اس کے بعد اپنی کہانی کا خلاصہ لکھیں۔

Reflect on your learning

Skills check

In this unit, you have learnt skills in:

- **Reading**
  - ☐ Studying and analysing a text
  - ☐ Assessing a text in terms of its theme, plot, setting, character(s) and content
  - ☐ Reading and reviewing a story, identifying how the characters and the plot develops
- **Writing**
  - ☐ Creating a table to compare report writing (objective expression) and story writing (subjective expression), to differentiate between facts and opinions
  - ☐ Writing answers to questions about a text
  - ☐ Writing a story, including dialogue, using the structure of texts studied
- **Speaking and listening**
  - ☐ Taking part in class discussion
- **Language**
  - ☐ Taking part in activities using idioms and proverbs
  - ☐ Using grammatical structures and conventions such as masculine and feminine nouns and pronouns
  - ☐ Using appropriate sentence structure, paragraphs and punctuation in narrative texts
  - ☐ Using appropriate styles for writing stories, dialogue and biographical texts.

Exam-style questions

س۱) ہمارے معاشرے میں استاد اور شاگرد کا جو مقام ہے، اِس کے بارے میں مکالمہ لکھیں۔

س۲) اس کہانی کا خلاصہ لکھیں۔

مضمون نویسی

ذیل میں مشاغل کی افادیت پر ایک مضمون بطور نمونہ دیا جا رہا ہے جس سے طلبا کو مضمون لکھنے میں مدد ملے گی۔

مشاغل کی افادیت

اشارات:

- مشغلے کی تعریف
- روز مرہ زندگی میں مشاغل کی اہمیت
- مشاغل کی اقسام
- انسانی زندگی پر مشاغل کے اثرات

ایک مشہور کہاوت ہے کہ "خالی دماغ شیطان کا کارخانہ ہے"۔ اگر انسان اپنے خالی دماغ اور فارغ اوقات کو کسی تعمیری اور پسندیدہ کام کے لئے وقف کر دے تو وہ کام اس کا مشغلہ کہلاتا ہے۔

مشاغل کی کئی اقسام ہوسکتی ہیں، مثلاً کتب بینی، کھیل کود، موسیقی اور باغبانی وغیرہ۔ البتہ اب مشاغل کا احاطہ بہت وسیع ہو گیا ہے۔ مثلاً کمپیوٹر پر نیٹ کے استعمال نے مزید کئی مشاغل کی راہیں کھول دی ہیں جن میں انٹرنیٹ کے ذریعے گپ شپ اور فیس بک وغیرہ نے خاصی مقبولیت حاصل کر لی ہے۔

روز مرہ زندگی میں مشاغل بہت اہمیت رکھتے ہیں مثلاً کتب بینی سے انسان کا ذہن کھلتا ہے، اس کی معلومات میں اضافہ ہوتا ہے اور دل و دماغ تازہ دم ہو جاتے ہیں۔ اسی طرح باغبانی کا مشغلہ اپنانے والے لوگ نہ صرف اپنے لگائے ہوئے پودوں اور پھولوں کو پھلتا پھولتا دیکھ کر خوشی محسوس کرتے ہیں بلکہ صبح نو کی خوبصورتی اور تازہ ہوا انہیں صحت مند رکھتی ہے۔ اسی طرح کھیل کود جیسے کسی مشغلے سے انسان کی صحت بہتر ہوتی ہے اور آپ چاق و چوبند رہتے ہیں۔ کھیلوں کے ذریعے، انسان وقت کی پابندی اور نظم و ضبط بھی سیکھتا ہے۔

قلمی دوستی یا انٹرنیٹ کے ذریعے گپ شپ سے معلومات عامہ میں اضافہ ہوتا ہے اور آپس کے رابطے بڑھتے ہیں۔ سیر و سیاحت کو مشغلہ بنانے والے لوگ مختلف ممالک کی سیر کے ساتھ ساتھ نئے نئے مقامات کے بارے میں معلومات حاصل کرتے ہیں۔ فارغ اوقات میں مثبت مشاغل اور سرگرمیاں انسان کی ذہنی صلاحیتوں کو جلا بخشتی ہیں۔ گویا ان مشاغل کی مدد سے ہمیں زندگی کی دوڑ میں اپنا نصب العین پانے میں مدد ملتی ہے۔

تاہم موجودہ دور میں بعض نوجوان ایسے مشاغل بھی اپنا لیتے ہیں جن پر زیادہ وقت صرف کرنے سے صحت خراب ہونے اور بُری عادات میں مبتلا ہونے کا اندیشہ رہتا ہے۔ مثلاً کمپیوٹر پر زیادہ دیر بیٹھنا آنکھوں کی کمزوری اور جسمانی تھکن کا باعث بنتا ہے۔ جبکہ ٹیلی وژن اور فلم بینی کی بہتات سے کچے ذہن کے نوجوان اکثر اخلاقی اقدار کو پس پشت ڈال کر "شارٹ کٹ" کے ذریعے دولت حاصل کرنے کی دھن میں جرائم کی راہ اختیار کر لیتے ہیں یا کسی معاشرتی برائی کو اپنا کر اپنا مستقبل تباہ کر لیتے ہیں۔ المختصر، مثبت مشاغل بہتر نتائج حاصل کرنے میں مددگار ثابت ہوتے ہیں اور انسان ان کے ذریعے نہ صرف بہت کچھ سیکھ سکتا ہے بلکہ یہ اس کی شخصیت کو بھی مضبوط اور سحر انگیز بنا دیتے ہیں۔

Points to remember

- The three main elements that form the basic structure of an essay are:

   a) introduction
   b) body – consisting of logically sequenced paragraphs
   c) conclusion

  These three elements should be well structured in your essay.

- Before finalising an essay:

    - brainstorm, gather ideas and make notes
    - use your notes to make a first draft
    - review the first draft carefully, check for spelling and grammatical mistakes and ensure that your draft sufficiently addresses the given topic.

Use the above pointers to understand how the model essay has been presented to you. Keep these in mind as you will be doing a lot of essay writing in the forthcoming units.

Can you point out the three main elements in the model essay?

۷ میں ہوں کراچی

Learning objectives

In this unit, you will learn and practise skills in:

- Reading – researching and gathering information about a topic such as a current or social event
- Writing – developing a written narrative style; editing text
- Speaking and listening – describing an experience and expressing an opinion

You will also learn and practise language skills in:

- Using appropriate Urdu vocabulary for various forms of art
- Following conventions of sentence structure, paragraphs, compound words and spelling in essay writing
- Choosing the appropriate style for writing essays or informal notes
- Using the appropriate style for interviewing and writing dialogue.

تعارف

یہ باب اخبار 'ایکسپریس ٹریبیون' کی ایک خبر کو بنیاد بنا کر تیار کیا گیا ہے۔ جس کا مقصد روز مرّہ کے حالات سے آگاہی اور طلبا میں اخبار بینی کے لئے دلچسپی پیدا کرنا ہے۔ خبر کا مضمون ایک ایسا منصوبہ ہے جس میں معاشرتی خرابیوں کے حل اور لوگوں کی زندگیوں میں خوشگوار تبدیلی کے لئے فنونِ لطیفہ کو استعمال کیا گیا ہے۔ اس میں معاشرتی ذمہ داریوں اور شہری فرائض کا بھی ذکر ہے۔ علاوہ ازیں، اس باب میں زبان دانی اور اردو قواعد کو بھی مدِ نظر رکھا گیا ہے۔

Activity

۱) اس سے پہلے کہ ہم شروع کریں:

یہ سرگرمی چار سے پانچ طلبا کے گروپ پر مشتمل ہوگی۔ ایک بڑے شہر میں رہتے ہوئے آپ وہاں کی دیواروں پر لکھے گئے جملے اور اشتہارات (وال چاکنگ) کا مشاہدہ کرتے ہیں۔ ایسے کوئی پانچ پیغام تحریر کریں جن سے آپ متاثر ہوئے ہوں۔

۲) **مطالعہ:**

مندرجہ ذیل عبارت غور سے پڑھیں۔ سیاق و سباق کے حوالے سے مشکل الفاظ کے معانی خود سمجھیں اور تحریر کریں۔ اس کے بعد لغت کی مدد سے اُن کی تصدیق کریں۔

کراچی کی تزئین نو، شہر کی دیواروں پر نفرت انگیز پیغامات کے بجائے فنکاروں کے شہ پارے

کراچی، ایک ایسا شہر جس کی دیواریں سیاسی نعروں، نفرت انگیز پیغامات اور مختلف جعلی معالجوں اور وزن کم کرنے کی ادویات کے اشتہارات سے بدنما کردی گئی تھیں۔ یہ شہر کی خوبصورتی کو مسلسل داغ دار کر رہی تھیں۔ ایسے میں فنکاروں کا ایک گروہ ان دیواروں کو ایک نیا روپ دینے کا عزم لے کر نکلا ہے اور یہ پیشکش پروگرام ''میں ہوں کراچی'' کی جانب سے کی گئی۔ کراچی کی دیواروں کو نئی شکل دینے کا یہ تصور ''انڈس ویلی اسکول'' کے شعبہ فائن آرٹ اور ''آب دوز آرٹ'' کی مشترکہ کاوش ہے، جس کا مقصد نہ صرف دیواروں کی بدنمائی کو ختم کرنا بلکہ نقش و نگار کے ذریعے ماحول کو خوش گوار بنانا ہے۔ یہ منصوبہ تین سے چار ماہ کے عرصے میں کئی مشہور اداروں مثلاً آئی۔بی۔اے، کراچی اسکول آف آرٹ اور کراچی یونیورسٹی کی مدد سے مکمل ہونا ہے۔

پہلے مرحلے میں فن کار استاد امتیاز منور علی کی زیر نگرانی اسٹینسل آرٹ پروجیکٹ کیا جارہا ہے جس کی مدد سے دیواروں کو سجانے کی باقاعدہ ذمہ داری ماہر فن کاروں کو سونپی گئی ہے۔

دوسرے مرحلے میں انفرادی آرٹسٹ پروجیکٹ اور دیگر بصری فنکاروں کی مدد سے دیواروں پر کراچی کی عوام کے خیالات نقش کرنے کی کوشش ہے جس کی ایک مثال مولوی تمیز الدین روڈ پر کنٹینر کمپاؤنڈ کی دیوار پر بنے ہوئے نقش و نگار ہیں جو دراصل شدت پسندی کے خلاف فنونِ لطیفہ کو بطور ہتھیار استعمال کرنے کی ترغیب دیتے ہیں۔

اِس منصوبے کا اگلا مرحلہ آرٹسٹ رابعہ جلیل اور شاہانہ راجانی کی رہنمائی میں جاری ہے۔ اس میں دیواروں پر بچوں کی بنائی گئی تصاویر نقش کی جارہی ہیں۔ جس میں شیریں جناح کالونی، لیاری اور شاہراہ قائدین کے علاقے شامل ہیں۔ اِس تمام تر منصوبے کا اصل مقصد بچوں کو فنونِ لطیفہ کے ذریعے اپنے احساسات ظاہر کرنے کی ترغیب دینا ہے۔

''میں ہوں کراچی'' کی اصل سرپرست وجیہہ نقوی کے مطابق اس مہم کا مقصد لوگوں میں برداشت، صبر اور رنگارنگی کا فروغ ہے تاکہ شہری دیواروں پر لسانی گروہوں اور سیاسی نعروں کی بھرمار دیکھنے کے بجائے ایسے شاہکار دیکھیں، جو انہیں مثبت اقدار سے آگاہ کریں۔ ان کے مطابق دیواروں پر نقش و نگار بنانے کا مقصد شہریوں میں معاشرتی شعور، یک جہتی اور احساسِ ذمہ داری پیدا کرنے کے علاوہ اپنے شہر سے اپنائیت اور اِس کے تحفظ کا جذبہ بیدار کرنا ہے۔

۳) **جائزہ اور مضمون نویسی:**

الف: یہ سرگرمی برائے جوڑ ہے۔ 'میں ہوں کراچی' کے حوالے سے مندرجہ ذیل تصاویر دیکھیں۔ چاہیں تو مزید تصاویر بھی تلاش کرلیں۔ اب ہر جوڑا انکے اہم نکات تحریر کرے۔

ب: تمام جوڑے اپنے نکات کا موازنہ کریں اور ایک مضمون ترتیب دیں۔

۴) **تفہیم:**

۱۔ 'میں ہوں کراچی' کا مقصد کیا ہے؟

۲۔ اس پروگرام کے کتنے مرحلے ہیں؟

۵) **عملی کام:**

اگر آپ کو کسی دیوار پر کوئی پیغام لکھنا ہو تو وہ کیا ہوگا؟ کاغذ اور رنگین قلم کے ذریعے پیغام ترتیب دیں۔

۶) **ترجمہ نگاری مع ذخیرۂ الفاظ:**

الف: مندرجہ ذیل اردو الفاظ کو اُن کے انگریزی ترجمے سے ملائیں۔

tolerance	سرگرمی
metropolis	منتقلی
makeover	رواداری
supervision	نعرہ
slogan	نگرانی
activism	شہری
civic	شہر

ب: آپ کو فنونِ لطیفہ کی مختلف اقسام کی تصاویر دکھائی گئی ہیں۔ کس تصویر کا تعلق کس سے ہے؟ لفظ اور تصویر ملائیں۔

فوٹوگرافی   مجسمہ سازی   مصوری   خطاطی

Grammar in context
Compound words are made up of two words. These are known as مرکب الفاظ
For example, نعرہ+ بازی

Vocabulary
Compound words include words that reinforce each other's meanings as well as opposites. For example, زیب وزینت، صبح وشام

۷) **قواعد:**

الف: مندرجہ ذیل الفاظ کے مرکب بنائیں۔

۱۔ زینت

۲۔ مصیبت

۳۔ دیوار

۴۔ نگران

ب: مندرجہ ذیل جملے حال سے ماضی میں تبدیل کریں۔

۱۔ میرے والد آج کرکٹ میچ دیکھنے گئے ہیں۔

۲۔ پاک فوج ملک کا بہترین دفاع کررہی ہے۔

۳۔ ہمارے گھر میں دو بلّیاں ہیں۔

۴۔ وہ تکیہ گیلا ہوگیا ہے۔

۵۔ ارشد اپنے ماموں کے گھر مقیم ہے۔

۸) **تجزیہ:**

مندرجہ بالا متن کو پڑھیے اور اس میں وہ مثالیں تلاش کریں جن سے حقیقت کے برعکس کسی رائے کا اظہار ہوتا ہے۔ اِسکے بعد وہ مثالیں تحریر کریں جن سے حقائق کا اِظہار ہوتا ہے۔

۹) **مطالعہ اور تبصرہ:**

مندرجہ ذیل انٹرویو غور سے پڑھیں۔ یہ ''الف'' میڈیا کمپنی کے افسرِ اعلیٰ شاہ رخ سلمان صاحب سے لیا گیا ہے۔ وہ 'میں ہوں کراچی' کے منصوبے پر ایک دستاویزی فلم بنا رہے ہیں۔ ان سے کچھ سوال کیے گئے۔ آپ نے سوالات کی ترتیب اور نوعیت کا جائزہ لینا ہے۔ کیا سوالات کا آپس میں ربط ہے؟ کیا ہر سوال کا پچھلے جواب سے ربط ہے؟ آپس میں تبصرہ کریں۔

ہم : آپ کو کس چیز نے متاثر کیا کہ یہ دستاویزی فلم تیار کریں؟

شاہ رخ: ہمارے مقامی فن کاروں کی کوشش اور منصوبے کے منتظم کی مثبت سوچ کو ظاہر کرنے کے لیے ہم نے یہ دستاویزی فلم تیار کرنے کا سوچا۔ اس کے علاوہ دنیا کو پاکستان کا اصل اور مثبت چہرہ دکھانا بھی ہمارا مقصد تھا۔

ہم : کیا یہ آپ کی پہلی دستاویزی فلم ہے؟

شاہ رخ: جی یہ ''الف'' کی پہلی فلم ہے۔

ہم: ''الف'' کی سوچ کیا ہے؟

شاہ رخ: ''الف'' اپنے آپ کو مستقبل میں ڈیجیٹل دنیا کے رہنما کے طور پر دیکھنا چاہتی ہے۔

ہم : آپ اپنی زندگی میں کن شخصیات سے متاثر ہیں؟

شاہ رخ: میں اپنے والدین سے متاثر ہوں جن سے میں نے استقامت اور ذمہ داری کو نبھانا سیکھا ہے۔

ہم : آپ نوجوانوں کو کیا پیغام دیں گے؟

شاہ رخ: میں انہیں یہ مشورہ دینا چاہتا ہوں کہ اپنی ذات پر اعتماد کریں، تبدیلی کو جب اور جہاں پائیں، قبول کریں اور پرانی روایات کو اپنے راستے اور مقصد میں رکاوٹ نہ بننے دیں۔

> **Learning tip**
> A good interview is a dialogue in which the interviewer asks intelligent questions and gets answers that interest the interview or the readers.

> **Challenge**
>
> **Work with a partner for this challenge.**
>
> After reading the above interview, role-play a meeting between a sales executive and the project coordinator of I Am Karachi. Decide who will take the part of the sales executive and who will be the project coordinator.
>
> How will you conduct your interview? Ask (and answer) at least five questions. Record the questions and answers accurately. Aim to gather as much information as you can in a short time.

۱۰) تحقیق:

لائبریری یا انٹرنیٹ سے مدد لیں اور تحقیق کریں کن شہروں نے کس طرح ترقی کی ہے۔ مثال کے طور پر، جب سائیکل سواری عام ہونے لگی تو کچھ شہروں نے اس کے لیے اپنی سڑکوں کا نظام بدل دیا۔ کسی ایک شہر پر مختصر نوٹ لکھیں۔

Reflect on your learning
Skills check

In this unit, you have learnt skills in:

- **Reading**
  - ☐ Noting the style and identifying important points in a text
  - ☐ Comparing a text with others on the same topic
  - ☐ Separating fact and opinion
- **Writing**
  - ☐ Extracting and noting down information from several texts such as newspaper extracts
  - ☐ Making notes from a discussion and using them to write an interesting and informative text
  - ☐ Recording an interview in the form of a dialogue
  - ☐ Discussing different narrative styles with a partner
- **Speaking and listening**
  - ☐ Stating and explaining opinions in a class discussion
  - ☐ Listening to the opinions of others and evaluating them
- **Language**
  - ☐ Using appropriate Urdu vocabulary to discuss various forms of art
  - ☐ Following conventions of sentence structure, paragraphs, compound words and spelling in essay writing
  - ☐ Using appropriate sentence structure, paragraphs and punctuation in narrative texts
  - ☐ Using appropriate styles for writing stories, dialogue and biographical texts
  - ☐ Choosing the appropriate style for writing essays or informal notes
  - ☐ Using the appropriate style for interviewing and writing dialogue.

Exam-style questions

س۱) ''میں ہوں کراچی'' کی وضاحت اپنے الفاظ میں کریں۔

س۲) دیئے گئے مضمون کے مطابق، دیواروں پر نقش و نگار بنانے کا کیا مقصد ہے؟

۸ انٹرن شپ کی درخواست

Learning objectives

In this unit, you will learn and practise skills in:

- Reading – reading a text such as an email and extracting the important details
- Writing – using appropriate vocabulary to make a request in an email.

You will also learn and practise language skills in:

- Writing subjectively (in the first person)
- Using appropriate vocabulary and style for writing a profile of a person
- Using appropriate punctuation.

تعارف

اس باب میں برقی خط (Email) کے استعمال کے ذریعے انٹرن شپ یعنی دفتری تربیت کیلئے درخواست دی گئی ہے۔ برقی خط فوری رابطے کا اہم ذریعہ ہے۔ اس باب میں الفاظ سازی اور اردو قواعد کو مدنظر رکھتے ہوئے جملے کی سوالیہ بناوٹ پر زور دیا گیا ہے۔

Activity

۱) **اس سے پہلے کہ ہم شروع کریں:**
اپنا ایک مختصر تعارف لکھیے۔

۲) **مطالعہ:**
مندرجہ ذیل برقی خط ذکیہ اشرف نے انٹرن شپ کی درخواست دیتے ہوئے ویلینگٹن اکیڈمی کے ہیومن ریسورسز مینیجر، جناب طارق احمد کو لکھا ہے۔ اسے کم از کم دو مرتبہ پڑھیں اور مشکل الفاظ کے معانی لغت سے تلاش کریں۔

محترم طارق صاحب!

مجھے آپ کے اسکول میں موسم گرما میں ہونے والی انٹرن شپ میں بے حد دلچسپی ہے اور یہ خط میں اِسی وجہ سے لکھ رہی ہوں۔ آج کل میں ڈیکن یونیورسٹی میں شعبہ نفسیات کے سالِ آخر کی طالبہ ہوں۔ اگر مجھے خصوصی بچوں کو پڑھانے کا موقع دیا جائے تو میں بہت شکرگزار ہوں گی۔ مجھے یقین ہے کہ میرا تعلیمی پس منظر اور ذاتی تجربہ آپ کے ماحول کے مطابق موزوں ثابت ہوگا۔

میں سمجھتی ہوں کہ مجھ میں ایک اچھا استاد ہونے کی تمام صلاحیتیں موجود ہیں۔ میں صابر، پُرجوش اور با صلاحیت ہوں اور مختلف طریقوں سے بچوں کی ذاتی دل چسپی اور علمی صلاحیتوں کو بروئے کار لاتے ہوئے مختلف مضامین کی طرف راغب کرسکتی ہوں۔ مزید برآں، میں یونیورسٹی کی طلبا کمیٹی کی رکن ہوں اور مختلف پس منظر رکھنے والے لوگوں کے ساتھ کام کرنے کا کافی تجربہ حاصل کرچکی ہوں۔

میرا پس منظر اور تجربہ آپ کے ادارے میں انٹرن شپ کے لئے انتہائی مناسب ہے۔ اگر آپ سے ذاتی ملاقات کا موقع ملے تو میں بہت شکرگزار رہوں گی۔

آپ کے وقت اور توجہ دینے کا شکریہ! میں آپ کی طرف سے رابطے کی منتظر رہوں گی۔

آپ کی مخلص،

ذکیہ اشرف

نمبر برائے رابطہ۔ ۸۹۹۷۶۵۳

Vocabulary

The term 'شعبہءنفسیات' means "department of psychology".

۳) تفہیم:

۱۔ ذکیہ اشرف کس نوعیت کی درخواست دے رہی ہیں؟

۲۔ درخواست گزار اپنی کن صلاحیتوں کو بیان کر رہی ہیں؟

۴) فرق کریں:

مندرجہ ذیل القاب کو رسمی اور غیر رسمی خانوں میں تحریر کریں۔

محترم والد صاحب　پیاری آپا جان　عزیز سہیلی　پیارے دوست　استادِ محترم　محترم چچا صاحب

میری پیاری والدہ　اچھے بھائی جان　محترمہ ممانی صاحبہ　مکرمی　پیارے بھائی　محترمہ والدہ صاحبہ

۵) جملوں کی ساخت میں تبدیلی:

Grammar in context
Interrogative sentences end with a "?" (question mark) (سوالیہ علامت) where as declarative sentences or statements end with '۔' (full stop which is called a وقفہ in Urdu).

الف: مندرجہ ذیل جملے، فعل ماضی میں تبدیل کریں۔

۱۔ میں انٹرن شپ کے حوالے سے خط لکھ رہی ہوں۔

۲۔ میں بہت پُراعتماد ہوں۔

۳۔ مجھ میں استاد ہونے کی تمام صلاحیتیں موجود ہیں۔

۴۔ یہ کتاب امتحان کی تیاری کے لئے انتہائی مناسب ہے۔

۵۔ محترمہ زینب یونیورسٹی کی طلبا کمیٹی کی رکن ہیں۔

ب: مندرجہ ذیل جملے، سوالیہ جملوں میں تبدیل کریں۔

۱۔ گھر کے دروازے پر تالا لگا ہوا ہے۔

۲۔ میری بہن شرمیلی اور کم گو ہے۔

۳۔ یہ ادارہ اپنے عملے کو مکمل آزادی دیتا ہے۔

۴۔ آسمان پر کالے بادل چھائے ہوئے ہیں۔

۵۔ وہ میرا ایک اچھا دوست ہے۔

۶) برقی خط کی تحریر:

تصور کریں کہ آپ طارق احمد صاحب ہیں اور اپنے ادارے کی جانب سے آپ کو ذکیہ اشرف کو جواب لکھنا ہے۔ آپ ان کی درخواست قبول کریں گے یا نہیں؟ واضح وجہ بتاتے ہوئے جواب تحریر کریں۔

۷) محاورات:

دیے گئے نامکمل جملوں کے لیے موزوں محاورے تحریر کریں۔

۱۔ غصے سے بے قابو ہونا

۲۔ ناممکن کام کرنا

۳۔ انجان بننا

۴۔ وعدہ پورا کرنا

۵۔ جلدی جلدی بھاگنا

۸) تجزیہ:

اِس باب میں دی گئی درخواست میں مصنف نے اپنا نکتۂ نظر بہترین طریقے سے سمجھانے کے لیے کس قسم کی معلومات فراہم کی ہیں؟ ان معلومات میں کن پہلوؤں کو مدِّ نظر رکھا گیا ہے؟

> **Learning tip**
> Make your letter simple and easy to follow. Try to write in a logical manner. Make sure ideas follow on from one paragraph to the next. If you jump from one point to a different point, the reader will be confused, then frustrated. Readers react negatively to letters that are hard to read.

۹) انٹرن شپ کی درخواست:

سرگرمی نمبر ۱ میں لکھی گئی اپنی صلاحیتوں کو بروئے کار لاتے ہوئے اپنے اسکول کو ایک انٹرن شپ کی درخواست لکھیں۔ اُس میں آپ اپنی مہارت اور تعلیمی پس منظر بیان کرتے ہوئے اپنی دلچسپی کا اظہار کریں۔ یہ یاد رہے کہ آپ کو اسکول کے قواعد و ضوابط کا دھیان بھی رکھنا ہوگا۔

> **Challenge**
> Create a flyer advertising a summer internship programme for robotics in your school. Your last internship letter may be a reply to this.

Reflect on your learning

Skills check

In this unit, you have learnt skills in:

- **Reading**
  - ☐ Reading a text such as an email and extracting information
  - ☐ Identifying the main points in an email or letter
  - ☐ Assessing the importance of details included in a letter
- **Writing**
  - ☐ Writing an email based on an example
  - ☐ Identifying formal and informal ways of addressing the recipient of an email or letter
- **Language**
  - ☐ Writing in the first person
  - ☐ Using appropriate vocabulary in writing a self-profile
  - ☐ Using appropriate sentence structure, paragraphs and punctuation in written texts.

Exam-style questions

س۱) برقی خط یا (Email) سے کیا مراد ہے؟

س۲) موجودہ دور کی ٹیکنالوجی کے جدید رابطوں اور ذرائع میں سے دو کے بارے میں لکھیں۔

۹

ہے آن وائی (Hay-on-Wye)

Learning objectives

In this unit, you will learn and practise skills in:

- Reading – reading a text such as a travel magazine and understanding the author's experiences and feelings
- Writing – plan and write a report intended for a range of different readers.
- Speaking – understanding and distinguishing between facts, ideas and opinions.

You will also learn and practise language skills in:

- Using appropriate vocabulary and idioms in the context of travelling
- Using prefixes, suffixes and collective nouns correctly in a variety of texts
- Using the appropriate writing style for a report.

تعارف

اس باب میں ایک کتب میلے کا آنکھوں دیکھا حال بیان کیا گیا ہے جسے ایک طرح کا سفر نامہ کہہ سکتے ہیں۔ سفر نامہ رپوٹ نویسی کی ہی ایک مثال ہے۔ اس باب میں نہ صرف سیر و سیاحت کی افادیت پر زور دیا گیا ہے بلکہ کسی بھی تہوار، میلے یا واقعہ کا آنکھوں دیکھا حال (رپورٹ) لکھنے کی مشق بھی کروائی گئی ہے۔ یونٹ میں معلوماتِ عامہ کو شامل کیا گیا ہے اور ادب سے لگاؤ کی اہمیت کو نظرانداز نہیں کیا گیا۔ جملے کی بناوٹ اور اردو قواعد کو مد نظر رکھتے ہوئے یہ باب تیار کیا گیا ہے۔

Activity

۱) اس سے پہلے کہ ہم شروع کریں:

ہے آن وائی (Hay-on-Wye) کی چند تصاویر دیکھیں اور ان کے بارے میں اپنے خیالات کا اظہار کریں۔

(۲)   مطالعہ:

مندرجہ ذیل عبارت غور سے پڑھیں۔ اس کے اندازِ تحریر پر خاص توجہ دیں، نیز مشکل الفاظ کے معانی لغت سے تلاش کریں۔

ہے آن وائی

گزشتہ سال اپریل میں سیاحت کی غرض سے میرا انگلستان جانے کا اتفاق ہوا۔ مجھے بتایا گیا تھا کہ ویلز میں "ہے" کے مقام پر ۲۶ مئی سے ۵ جون تک کتابوں کا ایک بہت بڑا میلہ منعقد ہوتا ہے۔

"ہے" کا قصبہ انگلستان اور ویلز کے درمیان واقع ہے جسے قدیم انگریزی میں ہیگ کہتے ہیں جس کے معنی ہیں "باڑھ میں گھرا ہوا خطّہ"۔ یہ قصبہ "دریائے وائے" کے جنوب مشرق میں واقع ہے۔ یہ "پاؤاس" نامی ایک کاؤنٹی ہے، جس کی آبادی ۲۰۰۰ کے قریب ہے۔ یہاں رہنے والے لوگ "ہے" کہلاتے ہیں۔ اس ریاست کا نام ویلز ہے، جو برطانیہ میں واقع ہے۔ یہ ایک پرانا قلعہ بھی ہے جو پہلے رہائش گاہ کے طور پر استعمال ہوتا رہا ہے۔ یہ قصبہ "کتابوں کا شہر" کہلاتا ہے اور ادبی میلے کا مستقل مسکن ہے۔ یہاں ہر سال دنیا بھر سے اسّی ہزار مصنفین، ناشرین اور ادب کے شائقین جمع ہوتے ہیں۔

میں بھی ادب کا شوقین ہوں اور سونے پر سہاگہ یہ کہ مجھے سیاحت کا بھی جنون ہے لہٰذا میں ۲۶ مئی کو صبح سویرے میلے میں جا پہنچا۔ وہاں کا منظر الفاظ میں بیان کرنا بہت مشکل ہے، پھر بھی میری کوشش ہوگی کہ آپ بھی اپنے آپ کو میلے میں چلتا پھرتا محسوس کریں۔

استقبالیہ پر ہی مجھے ایک رہنما فراہم کر دیا گیا جس نے مجھے اس میلے کی مختصر تاریخ بتائی۔ یہ میلہ ۱۹۶۱ء میں اس وقت شروع ہوا جب رچرڈ بوتھ نامی شخص نے یہاں کتابوں کی پہلی دکان کھولی، جو جلد ہی یورپ میں پرانی کتابوں کی سب سے بڑی دکان بن گئی۔ اس نے مزید بتایا کہ یہ قصبہ یکم اپریل ۱۹۷۷ء کو دنیا کے نقشے پر اُبھرا، جب کتابوں کے رسیا رچرڈ جارج ولیم بوتھ نے اس قصبے کو ایک آزاد ریاست اور خود کو اسکا حکمران قرار دے دیا۔ اس وقت سے یہ ایک بہت بڑا سیاحتی اور ادبی مرکز بن گیا۔ یہ ٹمبکٹو کا جڑواں شہر بھی کہلاتا ہے۔

اب ہمارے سامنے میلے کی ترتیب وار دکانیں شروع ہوگئی تھیں جن کی تعداد لگ بھگ ۳۲ تھی۔ بلا شبہ وہاں ایک ادبی جہان آباد تھا جس میں بچوں کی کتابیں، تجارتی کتابیں، موسیقی کی کتب گویا ہر موضوع پر کتاب موجود تھی۔

میرے پوچھنے پر رہنما نے بتایا کہ میلہ ختم ہونے پر بھی یہاں کی رونق یونہی برقرار رہتی ہے کیونکہ سال کے بقیہ دنوں میں یہ تیس دکانوں پر مشتمل خوبصورت بازار بن جاتا ہے جس میں زیادہ تر پرانی کتابیں ہوتی ہیں۔ بہرحال یہ دنیا کا پہلا کتب قصبہ ہے۔

اب ہم میلے کے اختتام پر تھے اور میں اپنی زندگی کا سب سے دلچسپ سفر لکھنے کی تیاری کر رہا تھا۔ آپ کو جب بھی موقع ملے ایک مرتبہ ضرور اس میلے میں جائیے گا۔

۳) **تفہیم:**

۱۔ ہے آن وائی کہاں واقع ہے؟

۲۔ اس قصبے میں میلہ کیسے شروع ہوا؟

۳۔ ہے آن وائی کی کیا خصوصیات ہیں؟

Learning tip

A report is a text that describes facts for a particular purpose and a specific audience. It is generally used to analyse a situation or an issue and draw conclusion. It may offer recommendations based on these conclusions. A good report is well structured, short and written in clear language.

۴) **قواعد**

مندرجہ ذیل جملے، جمع جملوں میں تبدیل کر کے لکھیں۔

۱۔ یہاں پرانی کتابوں کا میلہ لگتا ہے۔

۲۔ وہاں کا منظر الفاظ میں بیان کرنا مشکل ہے۔

۳۔ اس شہر میں ادب کا مستقبل روشن ہے۔

۴۔ رہنما نے مجھے اس جگہ کی مختصر تاریخ بتائی۔

۵۔ یہ قصبہ مشرق میں واقع ہے۔

Vocabulary

The collective noun for school of fish in Urdu is مچھلیوں کا غول

Similarly انگوروں کا گچھا، طالب علموں کی جماعت، فوج کا دستہ

۵) **تجزیہ:**

الف: مندرجہ ذیل تصاویر دیکھیں اور دونوں کے درمیان فرق اور مماثلت دیئے گئے خانوں میں تحریر کریں۔

فرق	مماثلت

ب: مختلف رپورٹس کو پڑھیں اور اُن کے اندازِ تحریر کا موازنہ کریں۔ اُن کے اہم نکات بھی درج کرلیں۔

۶) **رپورٹ نویسی:**

اپنی زندگی کے کسی واقعے یا حالات کو رپورٹ کی شکل میں لکھیں۔ مثال کے طور پر آپ نے کسی کو کامیابی کی منزل پر پہنچتے دیکھا ہو۔ یاد رہے کہ رپورٹ کے لیے ضروری ہے کہ معلومات آنکھوں دیکھی یا صحیح تحقیق کی گئی ہوں۔

۷) **قواعد:**

مندرجہ ذیل جملے، متضاد جملوں میں تبدیل کریں۔

۱۔ امجد نے تیزی سے دروازہ کھولا۔

۲۔ میری نانی طویل العمر ہونے کے باوجود بہت صحت مند ہیں۔

۳۔ گیدڑ نے بہت دلیری سے شیر کا مقابلہ کیا۔

Grammar in context
A prefix or a suffix is added to make compound words like صحت مند، کم گو، صنعت کار، غیر معمولی

۴۔ استاد نے بچوں کو سختی سے سمجھایا۔

۵۔ مجھے اسلام آباد منتقل ہونے پر بے حد خوشی ہے۔

۶۔ حریص اپنے مال سے محبت کرتا ہے۔

۷۔ صبح، اسکول جاتے وقت میں بہت سُستی محسوس کرتی ہوں۔

۸) **تنقیدی جائزہ:**

آپ کے خیال میں ''ہے آن وائی'' کا کتابوں کو اتنا عام کرنا مفید ہے؟ کیا اس کے کوئی منفی اثرات بھی ہیں؟ ایک تنقیدی جائزہ لیں۔

Challenge

Hay on Wye is located close to the border of Wales and England. England is انگلستان in Urdu. Compile a list, in Urdu, of at least ten countries located in each continent Africa, Asia and Europe. Then choose at least three destinations in each country. For example, one of the countries in Africa could be Egypt. Three destinations in Egypt could be Cairo, Alexandria and Luxor. Remember, all names must be in Urdu. Now suppose you are a travel agency offering different packages. Make two or three travel flyers in which you give reasons for visiting each destination.

۹) **خط نویسی:**

اپنے دوست کو ایک خط لکھیں جس میں اسے کسی مشہور تاریخی مقام کے متعلق معلومات فراہم کریں۔

۱۰) **جملوں کی ترتیب:**

مندرجہ ذیل عبارت کے جملوں کو درست ترتیب دیں۔

اپنی صبح پانی کے ایک گلاس سے کیجئے۔ کھانے سے پہلے بھی ایک گلاس پانی پیئیں۔ پانی ہمارے جسم سے ہر قسم کے فاضل مادے خارج کرتا ہے۔ ہمارے جسم کو پانی کی اشد ضرورت ہے۔ اس کے ساتھ وہ ہمارے سارے اعضاء اور خلیوں کو ضروری غذائیں پہنچانے میں مدد کرتا ہے۔ اس کے علاوہ، ہمارے جسم سے ہر گزرتے لمحے پانی بھی خارج ہوتا رہتا ہے۔ اگر ہم پانی نہ پیئیں تو ہم پانی کی کمی کا بھی شکار ہو سکتے ہیں۔ کام پر جاتے ہوئے پانی کی ایک بوتل ساتھ لے جائیں۔ لہٰذا آپ کو جب بھی اور جہاں بھی یاد آئے اور موقع ملے، خوب پانی پیئیں۔ اس کے لیے ضروری ہے کہ دن بھر زیادہ سے زیادہ پانی پیئیں۔ ہمارے جسم کو روزانہ کم از کم تین سے پانچ لیٹر پانی کی ضرورت ہوتی ہے۔

Reflect on your learning

Skills check

In this unit, you have learnt skills in:

- **Reading**
  - ☐ Reading a text such as a travel magazine and understanding the author's experiences and feelings
  - ☐ Reading and evaluating texts such as reports
- **Writing**
  - ☐ Writing a clear, accurate and concise report, based on quantifiable data
  - ☐ Writing a letter to a friend describing a location and listing what the reader would find interesting
  - ☐ Producing a report to advise people choosing their careers how to make a successful choice
- **Speaking**
  - ☐ Researching source documents and giving accurate information
- **Language**
  - ☐ Using appropriate vocabulary to describe detailed information about a location such as Hay-on-Wye
  - ☐ Using appropriate writing styles to produce letters and reports.

Exam-style questions

س ا) مندرجہ ذیل محاورات کو جملوں میں استعمال کریں۔

گھاٹ گھاٹ کا پانی پینا   آنکھیں کھلی کی کھلی رہ جانا   کان پڑی آواز سنائی نہ دینا۔

س ۲) متضاد لکھ کر جملوں کی ساخت میں تبدیلی کریں۔

ا۔ گزشتہ سال میں ایک طویل دورے پر فرانس گیا۔

۲۔ ہمارے ملک میں پڑھے لکھے لوگوں کی قلیل تعداد ہے۔

۳۔ اس سال خشک سالی کی وجہ سے اناج کم پیدا ہوا۔

Section 3: Communication

Section introduction

In this section you will develop your formal letter-writing skills. By the end of this section, you should be able to read, understand and identify different types of formal writing.

You will learn the communicative skills you need for writing:

- standard letters
- business letters
- queries and complaints
- letters to family and friends.

These language skills will also help you to deal with criticism, respond to queries and present your profile in the most appropriate manner.

The section also focuses on using appropriate vocabulary, sentence structures and conventions of paragraphing and punctuation – all crucial features of formal letter writing.

۱۰ تعارفی خط

Learning objectives

In this unit, you will learn and practise skills in:

- reading – reading and understanding a formal text such as a letter
- writing – using appropriate language to write and respond to formal texts such as letters or job advertisements.

You will also learn and practise language skills in:

- using and understanding appropriate vocabulary when reading and writing formal texts
- identifying proverbs and idioms and knowing the difference
- knowing and using the appropriate writing styles for formal and informal texts.

تعارف

اس باب میں پیغام رسانی کے ذرائع کے بارے میں معلومات فراہم کی گئی ہیں جن میں تارِ برقی (ٹیلی گرام) اور خط وغیرہ شامل ہیں۔خط میں کی جانے والی گفتگو پر زور دیا گیا ہے۔خطوط کی مختلف اقسام سے بھی آگاہی دی گئی ہے۔باب میں رسمی اور غیر رسمی خط لکھنے کے اصول وضوابط کو مدنظر رکھا گیا ہے۔ اس کے علاوہ، الفاظ کا صحیح استعمال اور محاوراتی زبان لکھنے کی ترغیب دی گئی ہے۔

Activity

۱) اس سے پہلے کہ ہم شروع کریں :

اخبار میں کسی اسامی کے لئے ایک اشتہار بنائیں۔اشتہار متاثر کن، جاذبِ نظر اور رنگین ہو۔تنخواہ اور مراعات کے اعتبار سے ایسا ہو کہ آپ اس ملازمت کے لئے درخواست دینے کو تیار ہو جائیں۔

۲) مطالعہ:

مندرجہ ذیل خط کم از کم دو بار پڑھیں۔

Vocabulary
A cover letter is known as a تعارفی خط

جاوید حسین،

۱۱۲ ۔ بی خیابان مسلم،

کراچی ،پاکستان ۲۶۰۰۰۔

فون نمبر:۵۵۳۳۲۱۱۲۳

ای میل : jawaid.hussain@example.com

سلیم احمد صاحب

پرنسپل بی جے ہائی اسکول،

ڈی۱۴۴،گلی نمبر۲۰،خیابان سحر،

کراچی ،پاکستان ۲۶۰۰۰۔

محترم سلیم احمد صاحب!

میں یہ خط ۲۰مئی ۲۰۱۵ء کو روزنامہ جنگ میں شائع ہونے والے اشتہار کو دیکھ کر لکھ رہا ہوں ۔اس کے مطابق آپ کو اپنے ادارے میں شعبہء اُردو کے سربراہ کی ضرورت ہے۔میں اپنے آپ کو اس عہدے کا اہل سمجھتا ہوں اور مجھے یقین ہے کہ آپ کی شرائط پر بھی پورا اُتر سکوں گا۔اُمید ہے کہ میرا خط پڑھنے کے بعد آپ بہت جلد انٹرویو کا وقت دے دیں گے۔

میں مذکورہ اسامی کے لئے اپنی خدمات پیش کررہا ہوںاور اپنے تجربے اور قابلیت کو بروئے کار لا کر اپنے فرائض منصبی ادا کروں گا ۔میرے خیال میں آپ کے ادارے کو ایسے ہی شخص کی خدمات درکار ہوں گی۔ ذیل میں اپنی چند ایک صلاحیتوں کا ذکر کرنا مناسب سمجھتا ہوں:

- اس شعبے میں مجھے پندرہ سال کا تجربہ حاصل ہے۔
- ادب سے لگاؤ کے علاوہ نظم ،نثر اور ڈرامہ لکھنے کی صلاحیت بھی رکھتا ہوں۔
- تدریسی عمل کے علاوہ طلباء کو غیر نصابی سرگرمیاں کروانے میں بھی مہارت رکھتا ہوں۔

آخر میں مؤدبانہ گزارش ہے کہ آپ میری پیش کش پر غور فرمائیں۔اگر آپ دیئے گئے نمبر پر مجھ سے رابطہ کریں گے تو میں آپ کا شکرگزار ہوں گا۔ بصورتِ دیگر میں خود ایک ہفتے کے بعد آپ سے دوبارہ رابطہ کروں گا۔ میں اپنا سی وی اس خط کے ساتھ منسلک کر رہا ہوں۔

آپ کا مخلص،

جاوید حسین

۳) تفہیم:

۱۔ اخبار میں اشتہار کس اسامی کے لئے تھا؟

۲۔ درخواست گزار کو تدریسی شعبے میں کتنا تجربہ حاصل ہے؟

۳۔ اُمیدوار کو اِس شعبے میں کیا کیا مہارتیں اور صلاحیتیں حاصل ہیں؟

۴۔ تعارفی خط سے کم از کم چار ایسے الفاظ چنیں جو رسمی زبان کو ظاہر کرتے ہوں۔

Learning tip

In formal writing, you do not write as you would speak.

In general, it is not easy to record a conversation in writing. In an informal conversation, the listener can ask questions or tell you if something is not clear. Therefore, the speaker can use incomplete sentences and jump from topic to topic. In contrast, formal writing must use precise language to convey the author's message clearly. It takes practice to master formal writing, but it is worth the effort: your writing will be easier to read and will reach a wider audience.

۴) **مترادف الفاظ:**

مندرجہ ذیل کے یک لفظی معنی لکھ کر جملوں میں استعمال کریں:

شائع　　منصب　　اہل　　تدریسی　　مؤدبانہ　　منسلک

۵) **متضاد الفاظ:**

مندرجہ ذیل کے متضاد لکھیں:

سربراہ　　مستقل　　ہنرمند　　مخلص　　تجربہ کار

Grammar in context

ضرب المثل is what has actually happened. محاورہ is metaphoric and not realistic.

مفلسی میں آٹا گیلا (ضرب المثل)

کان کا کچا ہونا (محاورہ)

۶) ضرب الامثال:

مندرجہ ذیل ضرب الامثال اُن کے معانی سے ملائیں اور جملوں میں استعمال کریں:

۱) اندھا کیا چاہے دو آنکھیں   موقع سے فائدہ اٹھانا

۲) چھوٹا منہ بڑی بات   ضرورت مند ہمیشہ اپنی ضرورت پوری کروانا چاہتا ہے

۳) بہتی گنگا میں ہاتھ دھونا   اپنی حیثیت سے بڑی بات کرنا

۴) چوری کا گُڑ میٹھا   ایک ہی کام سے دو مقصد حاصل کرنا

۵) ایک تیر سے دو شکار   لوگوں سے چھپا کر کام کرنے میں زیادہ مزہ آتا ہے

۷) جملوں کی بناوٹ میں تبدیلی:

مندرجہ ذیل جملے فعل ماضی میں تبدیل کریں:

۱۔ میں یہ خط آپ کا اشتہار دیکھنے کے بعد لکھ رہا ہوں۔

۲۔ اس شعبے میں مجھے پندرہ سال کا تجربہ حاصل ہے۔

۳۔ میں اپنے آپ کو اس عہدے کا اہل سمجھتا ہوں۔

۴۔ میں ایک ہفتے کے بعد آپ سے دوبارہ رابطہ کروں گا۔

۸) حقائق اور آرا:

تعارفی خط سے تین حقائق پر مبنی اور تین آرا پر مبنی جملے چن کر لکھیں۔

۹) اشتہار تیار کرنے والی ایک ایجنسی میں آرٹ اسسٹنٹ (معاونِ کار) کی اسامی کے لئے خط لکھیں اور متعلقہ شعبے میں اپنے تجربے اور مہارت کا حوالہ دیں۔

۱۰) تعلیمی و تجرباتی کوائف (سی۔وی):

اپنے تعلیمی و تجرباتی کوائف (سی۔وی) تیار کریں جسے آپ تعارفی خط کے ساتھ منسلک کریں گے۔ یہ سی۔وی سرگرمی نمبر (۹) میں درج کوائف کے مطابق ہو، اس کے لئے آپ ''آن لائن'' ریسرچ کر سکتے ہیں۔

۱۱) **موازنہ:**

اسی طرز پر آپ اپنا ایک تعارفی خاکہ لکھیں۔ یہ خاکہ ہلکے پھلکے مزاحیہ اور غیر رسمی انداز میں لکھا جائے۔ اس تعارف اور اپنے تعلیمی و تجرباتی کوائف (سی۔ وی) کا موازنہ کریں۔

Challenge

Send your CV to a company of your choice and see if you get a reply. This will show how attractive you have made your CV and covering letter.

Reflect on your learning

Skills check

In this unit, you have learnt skills in:

- **Reading**
  - ☐ reading a formal text such as a letter
  - ☐ identifying and analysing the main points in a formal text such as a letter
- **Writing**
  - ☐ writing a clear, accurate and concise text such as a CV, using appropriate adjectives
  - ☐ writing an advertisement, such as a flyer for a job
  - ☐ responding to a formal text such as an advertisement for a job, recognising the requirements listed and describing how these requirements are met
  - ☐ producing an evaluation comparing subjective and objective writing styles
- **Language**
  - ☐ using appropriate vocabulary to design a formal text such as an advertisement for a job
  - ☐ understanding and using proverbs and idioms in conversation
  - ☐ using appropriate writing styles to produce formal and informal texts and knowing which is which.

Exam-style questions

س۱) رسمی اور غیر رسمی خط سے کیا مراد ہے؟

س۲) ایک تعارفی خط میں کن کن نکات کو مدّنظر رکھا جاتا ہے؟

11 کاروباری خط

Learning objectives

In this unit, you will learn and practise skills in:

- reading – analysing a formal text such as a business letter and taking part in activities based on it
- writing – using appropriate language to write forma texts such as business letters, presentations and reports
- speaking – sharing ideas and experiences in a business context.

You will also learn and practise language skills in:

- using and understanding appropriate vocabulary for writing formal texts such as business letters
- using the correct gender-related nouns and pronouns in formal writing
- knowing and using the appropriate vocabulary associated with different professions
- identifying the writing styles for formal texts in business applications.

تعارف

اس باب میں انشا پردازی پر زور دیتے ہوئے کاروباری خطوط نویسی اور مختلف خطوط کے لحاظ سے القاب و آداب کے دُرست استعمال کا طریقہ بتایا گیا ہے۔ اس کے علاوہ ،لکھائی کے تسلسل اور اُسے آسان اور قابل فہم بنانے کے اصول بھی مدنظر رکھے گئے ہیں۔

Learning tip

Business writing has only two goals:

- to make people understand you
- to get them to take some action.

Activity

۱) **اس سے پہلے کہ ہم شروع کریں :**

یہ سرگرمی دو طالب علموں کے درمیان ہوگی۔ دونوں رسمی اور غیر رسمی انداز میں باری باری مکالمہ کریں اور لکھیں گے۔ اس مکالمے کا موضوع گھر یلو قسم کے کاروبار میں رقم لگانے یا یتیم بچوں کے لئے عطیات اکٹھے کرنا ہے۔ رسمی زبان میں کچھ اشارات، استفسار کرنا، مدد کی درخواست کرنا، رقم مہیا کرنا یا پھر معذرت کرنا شامل ہوں گے جب کہ غیر رسمی طور پر اشارات، پوچھنا، کہنا، منع کرنا یا پھر معذرت کر لینا وغیرہ شامل ہوں گے۔

۲) **مطالعہ:**

اگلے صفحے پر دیا گیا تجارتی خط توجہ سے پڑھیں۔

Vocabulary
Business is known as کاروبار and trade is known as تجارت
A bookseller is known as a کتب فروش

۲۹ جون ، ۲۰۱۵
صفدر بکس کمپنی، کلفٹن ،
کراچی ، پاکستان۔

پنجاب بکس اینڈ بکس،
درآمد و برآمد کنندگان،
اردو بازار ،لاہور، پاکستان۔

محترمی!

ہم گزشتہ دس سال سے کتب فروشی کے کاروبار سے منسلک ہیں اور کراچی میں دو قابل اعتماد جریدوں کے واحد نمائندے ہیں۔ہمیں آپ کی جرمن اور انگریزی زبان میں تکنیکی موضوعات پر شائع شدہ کتابوں کے متعلق کئی خریداروں کی جانب سے معلومات فراہم کرنے کی درخواستیں موصول ہورہی ہیں، جو اِن کتابوں کی خریداری میں دل چسپی رکھتے ہیں۔ ہمارا اِدارہ بھی ان کتابوں کی خرید و فروخت کو اپنے کاروبار کا حصّہ بنانا چاہتا ہے۔ براہ کرم،ہمیں اپنی کتابوں کی حالیہ فہرست، مع قیمتوں اور اپنے ادارے کی تجارتی شرائط کے بارے میں جلد از جلد مطلع فرمائیں۔

ازراہِ کرم یہ بھی لکھیں کہ کیا آپ ہمیں یہ کتب قابل واپسی بنیادوں پر فراہم کر سکتے ہیں؟ نیز، ہم یہ مال آپ سے اُدھار لینا چاہیں گے اور اس کے لئے آپ کو اپنے دو بڑے بینکوں کے نام اور تجارتی حوالے بھی فراہم کر سکتے ہیں۔ہم آپ کو یقین دلاتے ہیں کہ رقم ہر ماہ باقاعدگی سے ادا کر دی جائے گی۔

امید ہے کہ ہمیں جلد از جلد آپ کی طرف سے مثبت جواب موصول ہو گا۔

آپ کے مخلص ،
صفدر بکس کمپنی، کلفٹن ،
کراچی، پاکستان۔

۳) **رسمی اور غیر رسمی اندازِ بیان :**

مذکورہ خط میں چار(۴) رسمی الفاظ یا جملے دیئے گئے ہیں،انہیں غیر رسمی انداز میں لکھیے۔

رسمی انداز	غیر رسمی انداز
محترمہ	
براہِ کرم	
جلد از جلد مطلع فرمائیں	
مثبت جواب موصول ہو گا	

Grammar in context
Masculine and feminine words exist for both animate and inanimate objects, for example:

بادشاہ ۔ ملکہ

قصور ۔ خطا

۴) **قواعد:**

خط سے تلاش کر کے پانچ مذکر اور پانچ ہی مؤنث الفاظ لکھیں۔

مذکر	مؤنث

۵) **تفہیم:**

۱۔ خط میں کون ،کس سے مخاطب ہے؟

۲۔ خط لکھنے والے نے کیا درخواست کی ہے؟

۳۔ خط سے چار(۴) ایسے الفاظ ڈھونڈیں جو رسمی گفتگو کو ظاہر کرتے ہوں۔

۶) **ذخیرۂ الفاظ:**

متن سے لیے گئے مندرجہ ذیل الفاظ کا انگریزی ترجمہ کریں اور جملوں میں استعمال کریں۔

تکنیکی فروخت خریدار تجارت موضوعات

۱۱ کاروباری خط

۷) **انگریزی سے اُردو ترجمہ:**

مندرجہ ذیل کو اُردو میں کیا کہتے ہیں؟

doctor   plumber   baker   barber   butcher   carpenter   gardener

fisherman   chemist   cook   jeweller   mechanic   shopkeeper   postman

۸) **مشورہ:**

ارسلان، عملِ تجدید کا چھوٹا سا کاروبار کرتا ہے۔ اس کی کمپنی نہ صرف کاغذ کو دوبارہ استعمال کے قابل بناتی ہے بلکہ اسی کاغذ سے کاپیاں اور ڈائریاں بناتی ہے۔ وہ پاکستان میں اس کاروبار کو تقریباً پانچ سال سے کامیابی سے چلا رہا ہے۔ اب ارسلان سمجھتا ہے کہ اس کاروبار کو بیرونِ ملک پھیلانے کا وقت آ گیا ہے۔ کیا اُسے تیار کردہ کاغذ برآمد کرنا چاہیے یا بیرونِ ملک اپنے دفتر کی شاخ کھولنی چاہیے؟ وہ ملک کا انتخاب کیسے کرے؟ مشورہ دیں اور جماعت میں اپنے جوابات کی وضاحت کریں۔

۹) **تجزیہ:**

پچھلی سرگرمی کے مطابق مندرجہ ذیل سوالات کے جوابات دیں:

۱۔ اگر ارسلان، کاغذ برآمد کرنے کا فیصلہ کرتا ہے تو وہ اِس بارے میں معلومات کیسے حاصل کرے؟

۲۔ کیا وہ بذریعہ فون رابطہ کرے یا رسمی خطوط لکھے؟

۳۔ وہ خطوط کسے لکھے؟

۴۔ اگر وہ کسی متوقع خریدار سے فون پر بات کرے تو اس کی گفتگو کیسی ہونی چاہیے؟ کیا آپ وہ گفتگو، بطور مکالمہ لکھ سکتے ہیں؟

۵۔ خطوط یا ای میل کے ذریعے ارسلان کیا سوالات کرے؟

۶۔ وہ متعلقہ شخص کو اپنی مصنوعات درآمد کرنے پر کیسے قائل کرے گا؟

۱۰) اگر ارسلان، جرمنی میں ایک مقامی تاجر کی شراکت داری میں اپنے دفتر کی شاخ کھولنے کا فیصلہ کرتا ہے تو اس کے لئے وہ اُس تاجر کو کیسے قائل کرے گا؟

> **Challenge**
>
> Based on activity 10, prepare a report that you could present to the German businessman. Your report should include Arsalan's company profile, the projects he has completed, the different markets in which he has sold his product and a short history of his company. Write a covering letter to go with your report.

Reflect on your learning

Skills check

In this unit, you have learnt skills in:

- **Reading**
  - ☐ reading a formal text such as a business letter and use prior knowledge to understand the content
  - ☐ taking part in activities based on a formal text such as a business letter
- **Writing**
  - ☐ writing a clear, formal text such as a business letter
  - ☐ writing a formal text such as a business report, including details such as a description of the company, its projects and its market research results, with a supporting covering letter
- **Speaking**
  - ☐ taking part in a discussion with a partner about a business-related topic
  - ☐ taking part in a group discussion or 'brainstorming' session about a business-related topic
  - ☐ preparing and performing a presentation about a business-related topic
- **Language**
  - ☐ using specific formal terms in a group discussion
  - ☐ using appropriate vocabulary for business letters, business dialogues and business presentations
  - ☐ using appropriate genders of nouns and pronouns in writing formal texts such as letters and when taking part in discussions about a business-related topic
  - ☐ using correct Urdu terms for different professions
  - ☐ using appropriate writing styles and formats to produce formal and informal business-related communications such as letters, e-mails, phone calls, presentations and business analysis reports.

Exam-style questions

س۱) ذیل میں دیئے گئے مناسب الفاظ کی مدد سے خالی جگہ پر کریں:

گزشتہ پانچ سال سے ----------کے شعبے میں بہت ----- ہوئی ہے اور ------کی دکانوں کی تعداد بہت بڑھ گئی ہے۔اس کی وجہ سے ----------- بہت پریشان ہیں اورنصاب کی کتابیں خریدنے میں کافی-----------کا شکار ہو جاتے ہیں۔

کتب فروشی	ترقی	تعلیم	کھلونوں	کتابوں
پریشانی	لوگ	طلبا	اہم	اُلجھن

س۲) اپنے والد کو خط لکھیں اور نئے سال کی کتب خریدنے کے لئے رقم کی درخواست کریں۔

۱۲ شکایت نامہ

Learning objectives

In this unit, you will learn and practise skills in:

- reading – analysing a formal text such as a letter of complaint, picking out key words to identify the problem
- writing – writing a formal text to give and receive criticism.

You will also learn and practise language skills in:

- using analogies and appropriate adjectives to give a verbal account
- relating Urdu idioms to their English meanings or equivalents
- using direct and indirect speech.

تعارف

اس باب میں ایک شکایت نامے کے ذریعے متعلقہ محکمے کو مختلف مسائل سے آگاہ کیا گیا ہے۔ رسمی انداز کے اِس خط کے ذریعے سادہ زبان میں شکایت لکھنے کا انداز اختیار کرنے کی ترغیب دی گئی ہے۔ اس کے علاوہ تحریر میں، اُردو قواعد کو بھی مدنظر رکھا گیا ہے۔

Activity

۱) اس سے پہلے کہ ہم شروع کریں :

تصور کریں کہ آپ نے ایک ٹی وی خریدا ہے۔ آپ نے گھر لا کر اُسے استعمال کرنا چاہا مگر وہ صحیح طرح نہیں چلا۔ آپ نے جہاں سے خریدا تھا، وہاں شکایت کی اور درخواست کی کہ اسے بدل دیں مگر دکاندار نے انکار کر دیا کیونکہ آپ نے ٹی وی سیل سے خریدا تھا۔ فی الحال آپ ایک فہرست تیار کریں اور اُس میں ٹی وی کی تفصیلات درج کریں مثلاً ٹی وی کا نام، ماڈل نمبر، قیمت اور خریدنے کی تاریخ وغیرہ۔ یہ معلومات آپ اس باب کے اختتام پر ایک سرگرمی میں حوالہ دیں گے۔

Learning tip

Thoughtful negotiation is widely recognised as an appropriate way to deal with a conflict between parties. Follow this simple checklist for negotiation.

1. Do not confuse the problem with the people
2. Ignore positions and focus on interests
3. Be creative – explore solutions that give mutual satisfaction
4. Use objective criteria to promote reason and logic in the discussion.

۲) **مطالعہ:**

اگلے صفحے پر دیا گیا شکایت نامہ کم از کم دو (۲) مرتبہ پڑھیے۔

۵ جون، ۲۰۱۵

جناب انور حسین، میونسپل کمشنر،

کراچی، پاکستان۔

جناب عالی!

کراچی کی شہری ہونے کی حیثیت سے میں آپ کی توجہ ایک اہم مسئلے کی طرف مبذول کرانا چاہتی ہوں۔وہ مسئلہ شہر کی آبادیوں کے درمیان موجود گندے پانی کے نکاس کا ناقص انتظام ہے، جو آپ کی فوری توجہ کا طالب ہے۔یہ گندا اور بدبودار پانی جگہ جگہ بہہ رہا ہے جس سے شہری اور علاقہ مکین شدید پریشانی میں مبتلا ہیں۔کوڑے دانوں کے باہر کچرے کے ڈھیر لگے ہوئے ہیں، کیوں کہ ایک تو وہ ضرورت سے کم ہیں اور پھر ہفتوں صاف نہیں کیے جاتے۔ جابجا ٹھہرا گندا پانی، بدبودار تالابوں کا منظر پیش کرتا ہے۔یہ تالاب بدبو پھیلانے کے علاوہ مچھروں کی آماجگاہ بن چکے ہیں اور مختلف بیماریاں، مثلاً ملیریا اور ڈینگی وائرس پھیلانے کا سبب بن رہے ہیں۔صفائی کے ناقص انتظامات کی وجہ سے شہریوں کی صحت، خصوصاً بچوں کو مستقل خطرات درپیش ہیں۔

میں یہ بات بھی آپ کے گوش گزار کرنا چاہتی ہوں کہ اس ضمن میں کئی مرتبہ مقامی دفتروں میں شکایات درج کرائی جا چکی ہیں مگر صورتِ حال ابھی تک جوں کی توں ہے۔اگر اس معاملے پر فوری قدم نہ اُٹھایا گیا، تو شہریوں کی زندگیوں کو مزید خطرات کا سامنا ہو سکتا ہے۔

براہِ مہربانی اس معاملے پر فوری توجہ دیتے ہوئے متعلقہ مقامی انتظامیہ کو احکامات جاری کیے جائیں تا کہ شہریوں کے مسائل حل ہوں اور اُن کی صحت کو درپیش خطرات کی روک تھام ہو سکے۔

نیاز مند،

سلمیٰ شمس علی،

طالبہ کراچی یونیورسٹی۔

۳) **فہم:**

مندرجہ ذیل سوالات کے جوابات، پچھلے صفحے پر دیئے گئے خط کو مدّنظر رکھتے ہوئے لکھیں۔

۱۔ خط میں کس موضوع پر بات ہوئی ہے؟

۲۔ مچھروں سے کیا کیا بیماریاں پیدا ہوتی ہیں؟

۳۔ ایک میونسپل کمشنر کی کیا ذمہ داریاں ہوتی ہیں؟

۴۔ خط میں دیئے گئے کن الفاظ سے آپ کو اندازہ ہوتا ہے کہ یہ ایک سنجیدہ مسئلہ ہے؟

Vocabulary
Analogy is the comparison of two similar words or ideas in order to explain one of them.

For example:

hunger food
thirst water

Grammar in context
Nouns (اسم موصوف) and adjectives (اسم صفت) always come together and the adjective precedes the noun.

۴) **مشابہات** (Analogies):

مندرجہ ذیل مشابہات مکمل کریں:۔

۱۔ ڈینگی : مچھر __________ : کتا

۲۔ بدبو : کچرا __________ : عطر

۳۔ بیماری : گندگی __________ : صفائی

۴۔ مسئلہ : مسائل __________ : شکایت

۵) **قواعد:**

مندرجہ ذیل اسم موصوف کے ساتھ مناسب صفت لکھیں۔

کراچی دفاتر تالاب میونسپل کمشنر آبادیوں مچھر کوڑا دان ملیریا

۶) **جملہ سازی:**

مندرجہ ذیل الفاظ کے معانی تلاش کریں اور جملوں میں استعمال کریں:۔

مسائل ناقص مبذول تالاب نکاس آماجگاہ

۷) **محاورات:**

مندرجہ ذیل محاورات اُن کے معانی سے ملائیں:۔

۱۔ فوری قدم اٹھانا	To tell someone
۲۔ گوش گزار کرنا	To ruin/overthrow something
۳۔ زیروزبر کرنا	Very needy
۴۔ دانے دانے کا محتاج	To take promt action

۸) اُوپر دیئے گئے محاورات سے کوئی ایک چنیں اور اسکی تصویر بنائیں۔

۹) خط کی تحریر:

مندرجہ ذیل جملوں کی مدد سے ایک شکایتی خط تحریر کریں۔جملوں کی ترتیب کیا ہونی چاہیے؟

۱۔ میں آپ کی خدمات کی فراہمی اور کھانے کے معیار سے کافی مایوس ہوا ہوں۔

۲۔ میں آپ کے طعام خانے کی تشہیر کرنے سے گریز کروں گا۔

۳۔ آپ کے عملے نے انتہائی نا اہلی اور بدتہذیبی کا مظاہرہ کیا۔

۴۔ جس کھانے کی ہم نے فرمائش کی تھی،اس میں ایک گھنٹے کی تاخیر ہوئی اور سونے پر سہاگہ یہ کہ کھانا بھی باسی تھا۔

۵۔ میں نے اپنے دو ساتھیوں کے ہمراہ آپ کے طعام خانے میں ۳ دسمبر۲۰۱۴ء کی رات کھانا کھایا تھا۔

۶۔ میں نے پہلے سے تین لوگوں کے لیے آٹھ بجے کی میز مخصوص کروائی تھی،اس کے باوجود ہمیں ایک گھنٹہ انتظار کروایا گیا۔

۷۔ میں آپ کو طعام خانے کی صورتِ حال بتانے کے لیے یہ خط لکھ رہا ہوں۔

۸۔ محترم مینیجر صاحب!

۱۰) سرگرمی نمبر(۱) کی تفاصیل کو مدِّنظر رکھتے ہوئے ایک شکایتی خط تحریر کریں۔

۱۱) آپ کو شکایت ہے کہ آپ کا ہمسایہ بہت اُونچی موسیقی بجاتا ہے۔اپنے علاقے کے ناظم کو ایک شکایتی خط تحریر کریں۔

Challenge

Respond to the sample complaint letter in activity 2 and reassure the person that the problem has been taken care of. Give them a detailed account of the steps you have taken.

۱۲ شکایت نامہ

Reflect on your learning
Skills check

In this unit, you have learnt skills in:

- **Reading**
    - ☐ analysing a formal text such as a letter of complaint
    - ☐ identifying key words in a letter of complaint that describe the problem
- **Writing**
    - ☐ using formal modes of address
    - ☐ writing a clear, formal text such as a letter of complaint
    - ☐ composing and writing a clear, formal text such as response to a letter of complaint
- **Speaking and listening**
    - ☐ taking part in a role-play to make and respond to a complaint
- **Language**
    - ☐ taking part in activities to demonstrate understanding of analogies, appropriate adjectives and idioms
    - ☐ using direct and indirect speech.

Exam-style questions

س۱) مندرجہ ذیل جملے، فعل ماضی میں تبدیل کریں:

۱۔ ذرائع آمدورفت ہمیشہ سے شہر کا مسئلہ بنے ہوئے ہیں۔

۲۔ کچھ عرصے سے ٹریفک کی روانی متاثر ہو رہی ہے۔

۳۔ اس سال سڑکوں کی حالت کافی خراب ہے۔

س۲) اُردو میں ترجمہ کریں۔

We have been facing the problem of short supply of drinking water for the last two weeks. The water is supplied in very limited amounts irregularly, which is not enough for the daily requirements of the residents; sometimes we even have no water for drinking.

Section 4: Persuasive language

Section introduction

In this section you will study persuasive language, as demonstrated in an article, a brochure and a speech.

You will learn the reading, writing and speaking skills that are used for persuasion. By the end of the section, you will be able to use text-scanning and research methods to understand how to write persuasively.

You will use the appropriate vocabulary, with the conventions of grammatical structures, sentence formation and use of paragraphs.

This section will also help you to develop the oral skills you need to organise your ideas and present them clearly to a group.

۱۳ ایذا رسانی کا تدراک کریں

Learning objectives

In this unit, you will learn and practise skills in:

- Reading – reading a persuasive text such as an essay on the social issue of bullying, to explore human experiences and values reflected in the text
- Writing – writing persuasive texts such as compelling and convincing scripts, reports, stories and brochures
- Listening – assessing the overall effectiveness of persuasive text in discussions and presentations; communicating ideas persuasively.

You will also learn and practise language skills in:

- Using appropriate vocabulary in a context such as bullying
- Using idioms, synonyms, phrases, proverbs, compound words appropriately in persuasive texts
- Identifying and using appropriate styles and formats for persuasive texts.

تعارف

آپ زاہد یعقوب کا لکھا ہوا ایک مضمون پڑھیں گے جس میں آج کے دور کا ایک بہت بڑا معاشرتی مسئلہ اجاگر کیا گیا ہے۔ ایذا رسانی کے کئی معانی اور مفہوم ہیں۔ مصنّف نے جس معنی اور پہلو کو بیان کیا ہے، اِسے انگریزی میں (to bully) کہتے ہیں۔ اس باب کے ذریعے تعلیم و تدریس اور ملازمتوں کے دوران شائستہ رویے اور عمدہ گفتگو اپنانے کی تربیت دی گئی ہے۔ اس میں اردو کی کئی اصناف کو بھی مدنظر رکھا گیا ہے اس کے علاوہ، اس باب میں فہم پر بھی توجہ دی گئی ہے۔

Activity

۱) **اس سے پہلے کہ ہم شروع کریں:**

اگلے صفحے پر دی گئی تصاویر کا مشاہدہ کریں ۔ ان سے آپ کو کیا سمجھ آتا ہے اور ان کے درمیان کیا ربط ہے؟

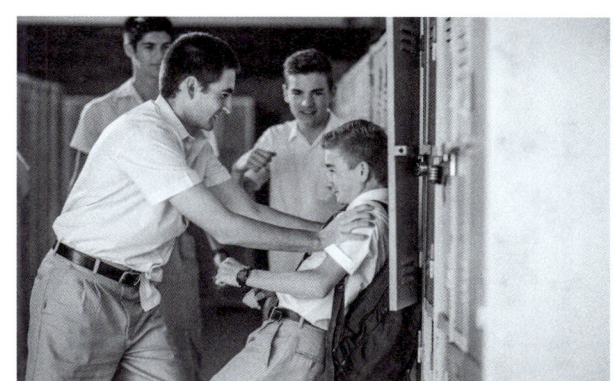

(۲) مطالعہ:

مندرجہ ذیل متن غور سے پڑھیں اور لغت کی مدد سے مشکل الفاظ کے معانی تلاش کریں تاکہ آپ یہ مضمون بھرپور طریقے سے سمجھ سکیں۔

ایذا رسانی کا تدارک کریں

از زاہد یعقوب

چہرے پر اُبھرا ایک معمولی تاثر کسی دوسرے کی دل آزاری کرنے، عزّتِ نفس مجروح کرنے یا اس کے چہرے پر مسکراہٹ بکھیرنے کا سبب بن سکتا ہے۔ یہ ایک المیہ ہے کہ ہمارے تعلیمی اداروں میں نظر آنے والے ایسے متعدد رویے ہم نظر انداز کر دیتے ہیں جو بلا واسطہ دوسروں کے لیے تکلیف اور دل آزاری کا سبب بن رہے ہوتے ہیں۔ نتیجہ یہ ہوتا ہے کہ یہی رویے جب مضبوط اور پختہ ہو جائیں تو طاقت ور طلبا و طالبات، کمزور ساتھیوں کے لیے دہشت اور ایذا رسانی کا مستقل ذریعہ بن جاتے ہیں۔ اس صورتِ حال میں بہت سے کمزور طلبا اسکول جانے سے ہچکچاتے ہیں یا تعلیم کی طرف اُن کی توجہ بے حد کم ہو جاتی ہے۔

اس سے قبل کے ہم ایذا رسانی کے منفی اور کردار شکن اثرات کا ذکر کریں، ہمیں دیکھنا ہے کہ ایک طالب علم دوسرے ساتھیوں کو کن کن طریقوں سے اذیت پہنچاتے ہیں۔ ایک طالبِ علم اُس وقت اس کا نشانہ بنتا ہے جب ایک یا متعدد طلبا شرارتی ساتھیوں کی طرف سے ناپسندیدہ حرکات اور بداخلاقی کا شکار ہوجاتے ہیں مثلاً گالی گلوچ اور دھکم پیل کرنا، دھینگا مشتی اور ہاتھاپائی، ہتک آمیز اشارے کرنا، کسی کو تنہا ایک کمرے میں بند کردینا، گروپ سے کسی ساتھی کو نکال دینا یا اس سے میل جول اور بات چیت ختم کردینا وغیرہ وغیرہ۔ اکثر یہ ستم رسانی لگاتار جاری رہتی ہے اور مظلوم اور معصوم طالبِ علم کے لیے یہ مشکل ٹھہرتا ہے کہ وہ اپنا دفاع کرسکے۔

بالعموم ہم بچپن کی معصوم شرارتوں اور معصومیت کو بچپنے کے خوبصورت الفاظ کے لبادے میں نظر انداز کردیتے ہیں اور بھول جاتے ہیں کہ ان منفی رویوں سے دوسرے بچوں کی شخصیت پر گہرے اور منفی اثرات پڑتے ہیں۔ بڑوں کو اس بات کا بخوبی احساس رہنا چاہیے کہ ان کارروائیوں کے مستقبل پر دُور رس کیا نتائج واثرات مرتب ہوسکتے ہیں۔ اس صورتِ حال کے جنم لینے کو کچھ زیادہ وقت درکار نہیں ہوتا جب شرارتی اور کم فہم طلبا کا ایک گروپ کسی ایک طالبِ علم کو مسلسل تنقید وتضحیک کا نشانہ بناتا رہتا ہے۔ اساتذہ کے لیے اس امر اور پہلو کا ادراک اشد ضروری ہے۔

ایذا رسانی کے مختلف طریقے اور انداز ہوسکتے ہیں۔ یہ براہِ راست یا مختلف غیر محسوس طریقوں سے بھی ہوسکتی ہے۔ براہِ راست ایک طالب علم زبان درازی سے، مار پیٹ کر یا اشاروں سے دوسرے کو تکلیف دے سکتا ہے۔ مثال کے طور پر، ایک طالب علم جب کسی کو دھکا دے، لات مارے، گتھم گتھا ہو یا اس پر تھوکے تو یہ براہِ راست ایذا رسانی کے زمرے میں آتا ہے۔ یہ براہِ راست شرارتیں اور تکلیفیں دوسرے کے لیے تاحیات دُکھ، احساسِ کمتری، بے سکونی، اور جسمانی معذوری کا موجب بن سکتی ہیں۔

زبانی کلامی ایذا رسانی ہمارے اسکولوں میں عام ہے۔ اس میں دوسرے ساتھیوں کو جھاڑ پلانا، ڈانٹنا، تنگ کرنا، ہتک آمیز فقرے کسنا، بُرے ناموں سے پکارنا وغیرہ شامل ہے۔ اس اہم مسئلے کی طرف اساتذہ اور والدین کی توجہ نہایت ضروری ہے۔ ہمارے معاشرے میں لوگ نظریاتی اختلافات کے معاملے میں بہت تلخ مزاج اور شدّت پسند ہیں اور یہ ان کے مباحثوں اور ان کے مختلف انداز سے کی جانے والی گروپ بندی سے بھی عیاں ہوتا ہے۔ جب ایک ہی مکتبِ فکر کے شاگرد اکٹھے ہوتے ہیں تو وہ طلبا کا مقابلہ اپنے اپنے انداز اور تلخ مکالمات سے کرتے ہیں اور یہ مکالمات بہت جلد ایذا رسانی کا سبب بن جاتے ہیں۔

اِس رویّے کا ایک نہایت گھمبیر اور پیچیدہ انداز مختلف اشاروں کنائیوں سے کی جانے والی ایذا رسانی ہے۔ اس طریقہ یا انداز میں جنسی خوف و ہراس، دھمکیاں، غیر اخلاقی اشارے اور غیر محسوس انداز میں کیے جانے والے ناپسندیدہ اشارے شامل ہیں۔ یہ عوامل نہ صرف اخلاقی زوال کا سبب بنتے ہیں بلکہ غیر اخلاقی عادات کا موجب بھی ٹھہرتے ہیں۔ اس طرح ایذا رسانی کی ایک

قسم یہ بھی ہے جس میں چند طلبا ساتھی طلبا کو اس بات پر آمادہ کرتے ہیں کہ دوسرے ساتھی کو مارا پیٹا جائے، اُسے تنگ کیا جائے، اس کے خلاف مختلف افواہیں پھیلائی جائیں اور اُسے دانستہ طور پر گروپ سے نکال دیا جائے یا اس کے خلاف بدکلامی کی جائے۔

ایذا رسانی کے یہ تمام طریقے اور انداز طلبا کی شخصیت پر نہایت ناخوشگوار اور تباہ کن اثرات چھوڑتے ہیں۔ یہ نا صرف ان میں عدم تحفظ کا احساس پیدا کرتے ہیں بلکہ خوف اور سہم ان کی شخصیت کا مستقل حصہ بن جاتا ہے۔ کسی تعلیمی ادارے میں اس منفی رویے سے زیادہ خطرناک ہتھیار نہیں ہو سکتا۔ یہ المیہ ہے کہ ہمارے تعلیمی اداروں میں اسے سب سے زیادہ نظر انداز کیا جا رہا ہے اور اس مسئلے کی طرف توجہ کو ثانوی حیثیت دی جاتی ہے۔ یہ بات نہایت توجہ طلب ہے کہ ایذا رسانی بچوں کی عزتِ نفس کو مجروح کرنے، بیماری، اسکولوں سے غیر حاضری اور اعصابی بیماریوں جیسے مسائل کا سبب بنتی ہے۔

ایذا رسانی نا صرف اُس طالبِ علم کی شخصیت پر برے اثرات مرتب کرتی ہے، جسے براہِ راست نشانہ بنایا جا رہا ہو بلکہ دیگر ہم جماعتوں کے لیے بھی نقصان دہ ہے۔ وہ اپنے آپ کو کمزور اور بزدل تصور کرتے ہیں، جیسے ان کی شخصیت غیر اہم ہو۔ ایک معمولی واقعے سے تمام صورتِ حال پریشان کن اور گھٹن زدہ بن جاتی ہے۔ اساتذہ نہ تو توجہ سے پڑھا پاتے ہیں اور نہ ہی طلبا کو پڑھائی کے لیے ایک موزوں ماحول میسر آتا ہے اور تمام کوششیں ضائع جاتی ہیں۔ ایذا رسانی کا نشانہ بننے والے اور ایذا رساں دونوں کو توجہ اور نفسیاتی علاج کی ضرورت ہوتی ہے۔ ان کو رہنمائی و مشاورت بہم پہچانی چاہئے اور مختلف نفسیاتی طریقوں سے ماہرین کو اپنا کردار ایک رہنما، سرپرست اور بزرگ کے طور پر ادا کرنا چاہئے۔

ایذا رسانی کے رُجحان پر قابو پایا جا سکتا ہے۔ سب سے پہلا مرحلہ یہ ہے کہ اس منفی رویے کے مختلف پوشیدہ اور ظاہر طریقوں کی نشان دہی کی جائے اور ان کی حوصلہ شکنی کی جائے۔ اسکولوں کے اندر اس رویے کو قابو کرنے کے لیے نگران اور ماہرین کی خدمات حاصل کی جائیں اور نگرانی کا عمل مزید موئثر بنایا جائے۔ ان رویوں سے نمٹنے کے لیے نتائج و سزا کا عمل شفاف بنایا جائے تاکہ طلبا اچھائی و برائی اور نیکی و بدی کے درمیان ایک واضح حد مقرر کر سکیں۔ اسکول انتظامیہ کو طلبا کے اس منفی اور جارحانہ رویے کا سنجیدگی سے نوٹس لینا چاہئے اور ایسے بچوں کو سنگین نتائج سے خبردار کر دیا جائے۔

ذہنی اور جسمانی ایذا رسانی نہ صرف والدین اور اساتذہ کے لیے توجہ طلب مسئلہ ہے بلکہ اسکول انتظامیہ اور معاشرے کے تمام افراد اس منفی اندازِ عمل کو روکنے کے ذمہ دار ہیں۔ بچے ہمارا مستقبل ہیں اور ان کو حالات کے رحم و کرم پر چھوڑ دینا دانش مندی نہیں۔ ان کے اِرد گرد بڑوں کی موجودگی مثبت انداز میں رہنی چاہئے۔ یہ وقت کا نہایت اہم تقاضا ہے کہ بچوں کی تعلیمی بنیادیں نہایت مضبوط ہوں اور جدید تقاضوں کے مطابق ہوں جو ان کی شخصیت کے مثبت پہلوؤں اور رویوں کا احاطہ کر سکیں۔ طلبا کا ایک دوسرے کی طرف مثبت، صحت مندانہ اور اخلاقی رویہ ایک آزاد اور ترقی یافتہ معاشرے کا آئینہ دار ہوتا ہے۔

۳) تفہیم:

۱۔ ایک جھگڑالو طالب علم دوسرے طلبا کو کن کن طریقوں سے ایذا پہنچا سکتا ہے؟

۲۔ ایک معصوم شرارت اور ایذا رسانی میں کیا فرق ہے؟

۳۔ ایذا رسانی سے طلبا کی شخصیت پر کیا منفی اثرات پڑ سکتے ہیں؟

۴۔ ایک تعلیمی ادارے میں اس مسئلے پر کیسے قابو پایا جا سکتا ہے؟

۵۔ کیا آپ کبھی ایذا رسانی کا شکار ہوئے ہیں اور کس طرح ؟ نیز یہ کہ آپ نے اپنے دفاع کے لئے کیا کیا؟

Vocabulary
A bully is known as "ایذا رساں"

Learning tip
A script is a text written to be performed, such as a theatre play, a radio broadcast, a film. As such, a script will outline in writing the different elements that are meant to be part of the performance: speech, action, setting, music, etc.

۴) مکالمہ:

آپ ایک خاکہ بھی لکھیں جو مکالمے کی شکل میں ہو۔ اس خاکے میں ایک طالب علم جو ایذا رسانی کا نشانہ بنا اور تین طلبا اُس طالب علم کو ایذا پہنچا رہے ہیں۔ یہ تینوں بد کلامی سے طالب علم کو نشانہ بنا رہے ہیں البتہ اسے جسمانی طور پر نقصان نہیں پہنچا رہے۔ پہلا طالب علم خود کو محفوظ رکھنے کی کوشش کرتا ہے مگر بالآخر میں ناکام رہتا ہے۔

۵) ذخیرۂ الفاظ:

مندرجہ ذیل مشکل الفاظ کے معانی تلاش کریں اور جملوں میں استعمال کریں۔

مجروح　　دفاع　　اختلافات　　گھمبیر　　سنگین

۶) مرکب الفاظ:

اس مضمون میں لکھے گئے پانچ مرکب الفاظ تلاش کریں۔ جس کی ایک مثال "ہاتھا پائی" ہے۔

۷) **قواعد۔ واحد جمع:**

مندرجہ ذیل واحد کے جمع لکھیں:

واحد	جمع
اثر	
مکالمہ	
طالب علم	
طریقہ	
موضوع	

۸) **قواعد۔ مذکر مؤنث:**

ذیل میں کون سے الفاظ مذکر ہیں اور کون سے مؤنث؟ نشان دہی کریں۔

طالبات	انتظامیہ	تقاضا	بدی	افواہ	نگرانی	انداز	شرارت	مستقبل	معاشرہ

۹) **ضرب الامثال:**

دی گئی ضرب الامثال کو انگریزی مطالب سے ملائیں۔

۱۔ انگور کھٹے ہیں — Barking dogs seldom bite

۲۔ جو گرجتے ہیں وہ برستے نہیں — As you sow so shall you reap

۳۔ ناچ نہ جانے آنگن ٹیڑھا — A bad workman quarrels with his tools

۴۔ جیسی کرنی ویسی بھرنی — Grapes are sour

۱۰) **خلاصہ نگاری:**

ایذا رسانی سے متعلق دی گئی عبارت کا خلاصہ کریں۔ ہر ایک پیرائے سے دو اہم نکات لے کر اپنے الفاظ میں دس سے بارہ سطور کا خلاصہ لکھیں۔

Grammar in context

Pack a punch! Make sure each sentence is concise and clear. Using multiple clauses in the same sentence chained together with conjunctions makes for heavy and boring reading.

۱۱) کردار سازی:

(الف) ایذا رسانی کا نشانہ زیادہ تر کن لوگوں کو بنایا جاتا ہے؟ ان کی ایک فہرست بنائیں۔ ان میں سے کسی ایک کی کردار نگاری کریں اور اس سبق کو پس منظر میں رکھتے ہوئے ایذا رسانی کے موضوع پر ایک مختصر کہانی لکھیں۔ کہانی میں اپنے تخلیق کیئے ہوئے کردار کو مرکزی کردار بنائیں۔ آپ اس میں اپنی مرضی اور کہانی کے مطابق ایک دو کردار مزید شامل کر سکتے ہیں۔

Challenge

Cyber bullying is a serious problem for young people. Even though victim and bully do not face one another, cyber bullying has pushed people to suicide. Design a brochure about this and distribute it in your school. Make sure that you include actual contacts who will be able to provide support and counselling for those who come forward.

(ب) سائبر ایذا رسانی کے بارے میں ایک رپورٹ تیار کریں۔ (سرگرمی برائے گروپ)

Reflect on your learning
Skills check

In this unit, you have learnt skills in:

- **Reading**
  - ☐ Reading a persuasive text such as an essay on a major social issue
- **Writing**
  - ☐ Writing a script for a short drama
  - ☐ Developing a character for a short story
  - ☐ Presenting an argument or report in various styles, including persuasive and basically informative
  - ☐ Designing a brochure or flyer
- **Speaking and listening**
  - ☐ Sharing ideas and opinions in a discussion about a major social issue
  - ☐ Taking part in a role-play based on a major social issue
- **Language**
  - ☐ Using appropriate vocabulary in activities based on a major social issue
  - ☐ Using appropriate idioms, proverbs and compound words in arguments, discussions and written texts
  - ☐ Recognising and using the different styles and formats when writing a script, a story, a report and a brochure.

Exam-style questions

Sentence transformation

جملوں کی بناوٹ میں تبدیلی:

س۱) مندرجہ ذیل جملے فعل ماضی میں تبدیل کریں:

۱۔ وہ اگلے سال نئے اسکول میں داخلہ لے گا۔

۲۔ اسلم کو ایذا رسانی پر سزا دی جائے گی۔

۳۔ اسکول کی انتظامیہ حفاظتی اقدامات کرے گی۔

س۲) مندرجہ ذیل جملوں کا خلاصہ لکھیں:

۱۔ اسکول میں بچے اسے چھیڑتے ہیں، تنگ کرتے ہیں اور پریشان کرتے رہتے ہیں۔

۲۔ شراب، چرس، پان، افیون اور سگریٹ سے صحت خراب ہوتی ہے۔

| ۱۴ | اپنا باغیچہ خود لگائیں |

Learning objectives

In this unit, you will learn and practise skills in:

- Reading – reading a brochure on diabetes; identifying and organising facts and information related to specific purposes
- Writing and speaking – imparting information to your target audience

You will also learn and practise language skills in:

- Appropriate vocabulary for health and wellness
- Idioms that use different parts of a human body as vocabulary
- Conventions of sentence structure around active and passive voice
- Appropriate register or style for advertising and developing a brochure

تعارف

یہ باب صحت مند زندگی اور متوازن غذا جیسے موضوعات پر مبنی ہے۔ اس میں طلبا کے معیار کو دیکھتے ہوئے زبان کا استعمال بتدریج بڑھایا گیا ہے۔ نفسِ مضمون، ایک کتابچہ ہے جس کے ذریعے اپنا باغیچہ خود لگانے کے فوائد اور طریقے بتائے گئے ہیں۔ طلبا کو کتابچہ بنانے کا طریقہ اور اس کی اہمیت سکھائی گئی ہے جس کا مقصد ان کی تخلیقی صلاحیتوں کے علاوہ لکھنے، پڑھنے اور سمجھنے کی استعداد میں اضافہ کرنا بھی ہے۔

Activity

۱) اس سے پہلے کہ ہم شروع کریں:

سامنے دی گئی تصویر دیکھ کر آپ کو کیا محسوس ہوا؟ اس تصویر کے بارے میں بغیر لفظ 'موٹا' استعمال کئے اپنے خیالات کا اظہار با تحریر کریں۔

۹۰

۳) **تفہیم:**

Vocabulary
A brochure is known as a "کتابچہ".

متن دوبارہ پڑھ کر سوالات کے جوابات دیں:

۱۔ اپنا باغیچہ خود لگانے کے فوائد بیان کریں۔

۲۔ سبزیوں اور پھلوں کا زیادہ استعمال کرنے سے صحت پر کیا فرق پڑتا ہے؟

۳۔ اگر باغبانی کے لئے گھر میں جگہ کافی نہیں تو کس طرح اپنی سبزیاں یا پھل اُگائے جا سکتے ہیں؟

۴) **قواعد:**

مندرجہ ذیل الفاظ میں سے اسم صفت اور موصوف الگ الگ کریں۔

نوجوان	ماہرانہ	صحت مند	متناسب	پھل	چست و چالاک	وزنی

۵) **محاورات:**

مندرجہ ذیل محاورات ان کے معانی سے ملائیں۔

محاورات	معانی
آنتوں کا قل ھواللہ پڑھنا	پوشیدہ دشمن
آنکھیں پھاڑ پھاڑ کر دیکھنا	سخت گھبراہٹ میں ہونا
آنکھیں سفید ہونا	غور سے دیکھنا
آستین کا سانپ	بھوک سے بے تاب ہونا
ہاتھوں کے طوطے اڑ نا	بینائی ختم ہونا

۶) **جملہ سازی:**

سرگرمی (۵) میں دیئے گئے محاورات کے جملے بنائیں۔

۲) **مطالعہ:**

مندرجہ ذیل متن غور سے پڑھیں اور لغت کی مدد سے مشکل الفاظ کے معانی تلاش کریں۔

اپنی سبزیاں اور پھل کیوں اُگائیں؟

- ماحول کا بچاؤ
- اپنی غذا خود اُگائیں
- تازہ ہوا، بہترین ورزش
- قدرت سے براہ راست رابطہ
- بچوں کے لئے اچھی سرگرمی
- صحت کے لئے فائدہ مند
- طبقات کی ترقی

گھر کے اندر باغیچہ، اور وہ بھی ایسا جس میں آپ اپنی سبزیاں اور پھل خود اُگا سکیں، ایک سے زائد طریقوں سے آپکو فائدہ دے گا۔

آپ سودا سلف لینے کے لئے جانے میں جو گیس استعمال کریں گے، وہ بچے گی۔ اپنے باغیچہ میں کچھ سبزیاں ہونے سے آپکا راشن کا بل کم ہوسکتا ہے۔ اگر آپ کے پاس باغیچے کی جگہ چھوٹی اور ناکافی ہے تو آپ یہ نہ سوچیں کہ آپ اپنے خاندان کے لیے سبزیاں اور پھل نہیں اُگا سکتے۔ انسان ایک سال میں جتنی سبزیاں اور پھل کھاتا ہے، وہ ایک ایکڑ کا صرف دسواں حصہ ہے۔ ایک چھوٹے باغیچہ کی زمین عمدہ غذا پیدا کرسکتی ہے۔ مثلاً ٹماٹر کے پانچ پودے صرف 30 مربع فٹ پر لگ سکتے ہیں اور اگر زمین نہ ہو تو بھی آپ کافی سبزیاں بڑے گملوں میں لگا کر بالکونی یا برآمدے میں رکھ سکتے ہیں۔

سبزیاں اور پھل صحت مند رہنے کی بہترین غذا ہیں۔ بہت سی معلومات اور تحقیق سے پتہ چلا ہے کہ جو لوگ سبزیوں اور پھلوں کا زیادہ استعمال کرتے ہیں کینسر اور دائمی امراض یعنی دل اور آنتوں کے امراض سے محفوظ رہتے ہیں۔ جب یہ آپ کے اپنے باغیچے میں ہونگی اور آپ ان کو تازہ توڑیں گے تو نہ صرف ان کا مزہ اچھا ہوگا اور یہ غذائیت سے بھرپور ہوں گی بلکہ اپنی خوراک میں سبزیاں شامل کرنا مزید آسان ہوجائے گا۔ اگر آپ خالص بیج یعنی OrganicSeeds استعمال کررہے ہیں، تو یہ اور بھی صحت بخش ہے۔

باغبانی کا واحد فائدہ مزیدار کھانا ہی نہیں ہے بلکہ یہ تازہ ہوا اور سورج کی روشنی میں صحت مند اور معتدل ورزش کرنے کا ایک آسان اور دلچسپ طریقہ ہے۔ اکثر لوگ اس بات سے متفق ہیں کہ باغبانی ذہنی تناؤ کم کرنے کا طبی طریقہ ہے۔ اگر آپکے بچے ہیں تو انھیں سبزیوں اور پھلوں سے متعارف کرانے کے لیے باغبانی سے بہتر کوئی اچھا مشغلہ نہیں ہوسکتا۔ بچے سبزیاں کھانا بہت پسند کرینگے جب وہ

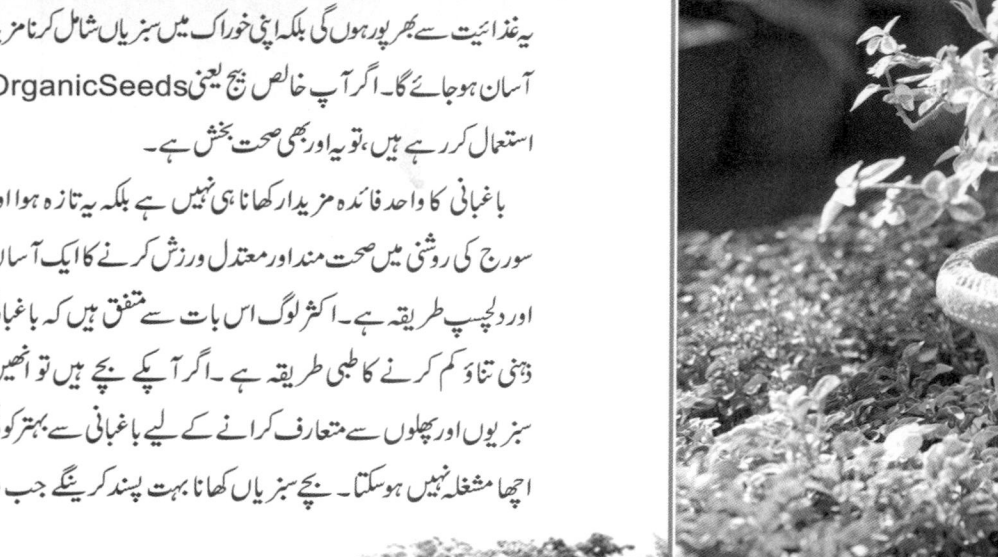

انہیں خود لگائیں گے۔ زیادہ تر بچے ننھے منے بیجوں کو دیکھنا اور بونا پسند کرتے ہیں۔ باغ میں کھیلتے ہوئے بچے پودوں میں رہنے والے جانور بہت دلچسپی سے دیکھتے ہیں اور ماحول کے بارے میں اہم معلومات حاصل کرتے ہیں۔

جب آپ دیکھیں گے کہ سبز پھلیاں یا ٹماٹر جیسی سبزیاں، جو آسانی سے بکثرت اُگائی جا سکتی ہیں، آپ کی ضرورت سے زیادہ ہیں، تو آپ انہیں خاندان اور پڑوس میں بھی بانٹ سکیں گے۔

کام کی باتیں

باغیچے کو صبح سویرے یا دن میں دیر سے پانی دیں تا کہ آبی بخارات کے ذریعے پانی ضائع نہ ہو۔

سبزیاں اور پھل آب و ہوا اور مٹی اور روشنی کے مطابق اُگائیں۔

خیال رکھیں کہ سورج کی روشنی زمین پر کس سمت سے کب اور کہاں پڑتی ہے۔

پودوں میں کیڑوں مکوڑوں کو پہچانیں اور ایسی احتیاطی تدابیر اختیار کریں جو ماحول اور بچوں کے لئے کم سے کم نقصان دہ ہوں۔

اگر آپ کے پاس باغبانی کے لئے کافی جگہ نہیں ہے تو ہم چھوٹے پیمانے پر باغبانی کرنے کے لئے آپ کو ماہرانہ رائے دے سکتے ہیں۔ آپ گھر کی بالکونی یا برآمدے کو ایک چھوٹے سے باغیچے میں تبدیل کر سکتے ہیں اور اس کے لئے لکڑی اور مٹی کے گملے استعمال کر سکتے ہیں۔

• مزید تفصیلات کے لئے آپ فون پر با آسانی رابطہ کر سکتے ہیں۔ ہمارا مشیر باغبانی آپ کے پاس حاضر ہو جائیگا۔

۷) جملوں کی بناوٹ میں تبدیلی :

مندرجہ ذیل جملوں کی بناوٹ میں تبدیلی کریں۔

۱۔ وہ عشائیے کے لئے سبزی کاٹ رہی ہے۔

۲۔ آپ کو صحت مند رہنے کے لئے با قاعدہ ورزش کرنی چاہیے۔

۳۔ کیا تم بیج بو رہے ہو؟

۴۔ مالی کھاد ڈال رہے ہیں۔

> **Grammar in context**
> Active vs passive?
> In the active voice the emphasis is on who performs the action (the agent):
> ہوا بیج بکھیرتی ہے۔
>
> In the passive voice, the emphasis is on who receives the action (the product):
> بیج کو ہوا بکھیرتی ہے۔

۸) متشابہات :

متشابہ الفاظ جملوں میں صحیح طور پر استعمال کریں۔

حل ، ہل   سحر ، سحر   کمر ، قمر   نظر ، نذر   حال ، ہال

۹) تحقیق (سرگرمی برائے جوڑ) :

ایک تحقیقی موضوع کا انتخاب کریں۔ معلومات اور ڈیزائن کے لئے آن لائن تحقیق کریں۔

عمومی صحت   یا   آم کا درخت

> **Challenge**
>
> Invent a company and create a mission statement. Then create a brochure advertising your company's services. Start by deciding who your target audience is.

۱۰) تصویری کتابچہ :

تحقیق مکمل کرنے کے بعد ایک تصویری کتابچہ تیار کریں۔

> **Learning tip**
> A brochure is a useful tool for businesses and organisations. It can:
> - outline the services and overall purpose or mission of the business or organisation
> - answer frequently asked questions (FAQ)
> - offer information or guidance on a specific issue, such as health
> - tell the reader how to find out more about the business or organisation
> - inform people about a specific event.

Reflect on your learning

Skills check

In this unit, you have learnt skills in:

- **Reading**
  - ☐ Researching a chosen topic to present reliable and objective information
  - ☐ Selecting details from a text to focus on a specific topic or enquiry
  - ☐ Analysing a text such as a brochure, noting the style and nature of the information contained in it
- **Writing and speaking**
  - ☐ Creating a text such as a brochure based on information gained from other sources
  - ☐ Evaluating a target audience for a text such as a brochure and assessing how best to attract and maintain their interest
- **Language**
  - ☐ Using appropriate vocabulary in activities based on a topic such as health and wellbeing
  - ☐ Learning and using vocabulary, including idioms, that relates to different parts of the body
  - ☐ Constructing sentences in the active and passive voices
  - ☐ Recognising and using different styles and formats, for example, for an advertising or informative brochure.

Exam-Style questions

س۱) دیئے گئے مناسب الفاظ کی مدد سے خالی جگہ پر کریں:

اچھی ________ ایک نعمت ہے۔اس کے لئے متوازن ________ اور ________ کرنا ضروری ہیں ورنہ انسان ________ اور سرطان جیسے ________ امراض کا شکار ہو جاتا ہے۔

صحت	زندگی	تندرست	غذا	ورزش	کھیل	موذی	ملیریا	جان لیوا

س۲) مندرجہ ذیل جملے، متضاد جملوں میں تبدیل کریں:

۱۔ اس کا مزاج گرم ہے،اس لئے اسے غصہ آتا ہے۔

۲۔ موسم شدید گرم ہے۔لو چل رہی ہے۔

۳۔ غیر متوازن غذا سے وزن میں اضافہ ہوتا ہے۔

۱۵ قائدِاعظم کا قوم سے خطاب

Learning objectives

In this unit, you will learn and practise skills in:

- Reading and writing – reading a text and making notes about the main points; gathering and organising information and presenting it clearly
- Speaking and listening – understanding spoken language and noticing unspoken messages or cues; critically evaluating the ideas and beliefs of others to draw logical conclusions.

You will also learn and practise language skills in:

- Using vocabulary, including idioms, that relates to strong emotion or passion
- Using appropriate verbs in written and spoken texts
- Using appropriate styles and formats when writing texts for public speaking.

تعارف

اس باب میں آپ بانی پاکستان، قائداعظم محمد علی جناحؒ کی ایک معروف تقریر پڑھیں گے ۔اس تقریر کے ذریعے آپ نہ صرف ایک متاثر کن رہنما کے بارے میں جان پائیں گے بلکہ یہ بھی سیکھیں گے کہ سامعین تک اپنا پیغام موثر طریقے سے کیسے پہنچایا جا سکتا ہے۔محنت اور لگن کے ذریعے حب الوطنی کے جذبے کو اُجاگر کرنے کی کوشش کی گئی ہے۔اس کے علاوہ دلائل کے ذریعے سامعین کو قائل کرنے کے گُر بھی سکھائے گئے ہیں ۔ یہ نکتہ خاص طور پر قابلِ توجہ ہے کہ خطابیہ گفتگو میں ثقیل الفاظ کا استعمال کس طرح کیا جاسکتا ہے۔

Activity

۱) اس سے پہلے کہ ہم شروع کریں:

تین تین طلبا کا ایک گروپ بنائیں۔ ہر گروپ اپنی پسندیدہ شخصیت پر تحقیق کرے اور اس شخصیت کی کسی بھی مشہور تقریر پر تبادلۂ خیال کرے۔

۲) **مطالعہ:**

تقریر غور سے پڑھیں ۔ اس پر خاص توجہ دیں کہ مقرر نے کس طرح سامعین کو اپنی جانب متوجہ رکھا اور کن عناصر کے ذریعے اپنی بات کہی ہے۔

Learning tip

Listening to a speaker is different from reading. This is why public speaking includes a fourth element of "transition" along with the introduction, the body and the conclusion. Speech transitions are words and phrases that help your argument flow smoothly without confusing your listener.

قائداعظم کا قوم سے ۲۴ اکتوبر ۱۹۴۷ کو خطاب

"خدا اکثر اپنے پیارے بندوں کا امتحان لیتا ہے۔اس نے حضرت ابراھیم علیہ السلام کو ان کی سب سے پیاری چیز کی قربانی کا حکم دیا۔حضرت ابراھیم علیہ السلام نے اس حکم کی تعمیل میں اپنے سب سے پیارے بیٹے کی قربانی پیش کی۔

آج بھی خدا پاکستان اور ہندوستان کے مسلمانوں کی آزمائش کر رہا ہے۔اس نے ہمیں بڑی قربانیاں دینے کا حکم دیا ہے۔ہماری نو زائیدہ ریاست دشمنوں کے لگائے ہوئے زخموں سے چوُر چوُر ہے۔ہمارے انڈیا کے مسلمان بھائی پاکستان کی حمایت کرنے کی وجہ سے ظلم و زیادتی کا نشانہ بن رہے ہیں۔اس وقت کالے بادل ہمیں چاروں طرف سے گھیرے میں لئے ہوئے ہیں،لیکن ہم بددل نہیں کیوں کہ مجھے یقین ہے کہ اگر ہم اس عظیم قربانی کا جذبہ دکھائیں جو حضرت ابراھیم علیہ السلام نے پیش کی تھی،تو خدا ان کالے بادلوں کو ہم سے دور کردے گا اور ہم پر بھی اسی طرح اپنی رحمت برسائے گا جس طرح اس نے حضرت ابراھیم علیہ السلام پر برسائی،لہذا آئیں عیدالاضحیٰ کے دن کو، جو دین اسلام میں قربانی کی علامت ہے،عہد کریں کہ ہم اپنی ریاست کو اپنے تصور کی ریاست بنانے کے لئے کسی بھی قربانی سے دریغ نہیں کریں گے خواہ ہمیں کتنی ہی مشکلات کا سامنا کرنا پڑے۔ہم اپنے مقصد کے حصول کے لئے اپنی تمام قوت اور وسائل کا رُخ اُسی طرف موڑ دیں گے۔ مجھے یقین ہے کہ ہم ان مشکلات پر خواہ وہ کتنی ہی بڑی ہوں، قابو پالیں گے۔ یہ ہماری طویل تاریخ ہے۔ہم اس تاریک رات سے فتح مند اور طاقت ور بن کر نکلیں گے اور دنیا کو دکھا دیں گے کہ یہ

ریاست صرف زندگی گزارنے کے لئے نہیں بلکہ بہت اچھی زندگی گزارنے کے لئے وجود میں آئی ہے۔

اس مقدس دن، میں پوری دنیا میں اپنے تمام مسلم بھائیوں اور بہنوں کو مبارک باد دیتا ہوں۔ پاکستان، اس شکر گزاری اور مسرت کے دن، مشرقی پنجاب اور اِس کے قرب و جوار کے پانچ لاکھ مسلمانوں کے غم اور مصائب میں گھرا ہوا ہے۔ مجھے امید ہے کہ جہاں کہیں بھی مسلمان مرد و خواتین یہ عظیم الشان دن منانے کے لئے اکٹھے ہوں گے، اپنی دعاؤں میں ان لوگوں کو یاد رکھیں گے جنھوں نے اپنے پیاروں کو، گھروں کو اور روزگار کو کھو دیا ہے اور جو اب تک ظلم وستم اور مصائب جھیل رہے ہیں۔ میں مسلمانوں سے خواہ وہ کہیں بھی ہوں، اپیل کروں گا کہ وہ اس خطرے اور ضرورت کے وقت اپنا دست تعاون بڑھائیں۔ روئے زمین پر کوئی طاقت اب پاکستان کو ختم نہیں کرسکتی۔

قربانیاں جتنی زیادہ بڑی ہوں گی، ہم ان سے اتنے ہی طاقت ور ہو کر نکلیں گے جس طرح سونا آگ سے کندن بن کر نکلتا ہے۔

چنانچہ میں آپ سب کو اُمید، محبت اور اعتماد کا پیغام دیتا ہوں۔ آیئے ہم اپنے تمام وسائل کو بروئے کار لائیں اور ان تمام مصائب سے نظم و ضبط اور مستقل مزاجی کے ساتھ ایک عظیم قوم کی طرح اُبھریں۔

۳) تفہیم:

عبارت پڑھ کر درج ذیل سوالات کے جوابات تحریر کریں:

۱۔ قائداعظم کا قربانی کے بارے میں کیا نظریہ ہے؟

۲۔ یہ تقریر کس موقع پر کی گئی؟

Grammar in context

Verbs or action words are known as "فعل" in Urdu.

These have three types:

- past tense فعل ماضی
- present tense فعل حال
- future tense فعل مستقبل

۴) قواعد۔ فعل:

درج بالا عبارت سے فعل کی ۷ امثال تلاش کریں اور اپنے جملوں میں استعمال کریں۔ مثال کے طور پر، خدا اکثر اپنے پیارے بندوں کا امتحان لیتا ہے۔

۵) محاورات:

محاورات اُن کے معانی سے ملائیں۔ باب کے آخر میں آپ کو اپنی تقریر میں یہ محاورات شامل کرنا ہوں گے۔

معانی	محاورات
اقرار کرنا	نمک کا حق ادا کرنا
وفادار ہونا	ہامی بھرنا
سخت محنت کرنا/ مصیبت اُٹھانا	زمانے کی ہوا بدل گئی
وقت بدل گیا ہے	لہو پانی ایک کرنا

۶) **تقریر کی ترتیب:**

تقریر کی ترتیب کو ایک خاکہ پٹی سے ظاہر کریں۔ یہ خاکہ آپ ہاتھ سے بنا سکتے ہیں یا آن لائن مدد بھی لے سکتے ہیں۔

۷) **تقریر کا طریقہ:**

قائداعظم کی تقریر میں کونسا طریقہ استعمال کیا گیا ہے؟ نیز تقریر کے کم از کم پانچ اقوال منتخب کر کے ہر ایک کا طریقہ بتائیں۔

تقریر سے مثال	تقریر کا طریقہ
	• حاضرین کو سلام
	• آپ کی تقریر کا مقصد (تعارف)
	• جذباتی زبان کا استعمال
	• مسئلہ بیان کرنا
	• مسئلے کا حل پیش کرنا
	• دلیل کا دوسرا رُخ پیش کرنا
	• اپنے دلائل پر حقائق اور اعداد و شمار پیش کرنا
	• اعادہ

۸) مندرجہ ذیل کسی ایک عنوان پر دو منٹ کی تقریر تیار کریں۔ موثر تقریر کے اصول مدِنظر رکھیں:

ا۔ تعلیم ہر شہری کا حق ہے۔

۲۔ حقیقی دولت پیسے سے نہیں تولی جاتی ہے

Vocabulary

Public speaking is known as ''عوامی خطاب''

and speakers are known as ''مقررین''

A single speaker is known as ''مقرر''

۹) جائزہ:

یہ سرگرمی برائے گروپ ہے۔ سرگرمی نمبر ۸ میں جو تقریر تیار کی گئی، اسے ہر طالبِ علم جماعت کے سامنے پیش کرے۔ دیگر طلبا سرگرمی نمبر (۷) میں دیئے گئے نقشے / خاکے کے مطابق باری باری آنے والے مقررین کی تقریر کا جائزہ لیں اور اپنی اپنی رائے کا اظہار کریں۔

Challenge

Choose a number of speakers known for their verbal skills and study them. This analysis will also aid you in your writing.

۱۰) تحقیق (سرگرمی برائے جماعت):

''مارٹن لوتھر کنگ'' کو تاریخ کے عظیم ترین مقررین میں سے ایک سمجھا جاتا ہے۔ ان کی تقریر "I have a dream" نے لاتعداد لوگوں کے دل جیت لئے تھے۔ ان کی اُس تقریر کا جائزہ لیں۔

Reflect on your learning

Skills check

In this unit, you have learnt skills in:

- **Reading**
  - ☐ Reading a text and making notes about the main points
  - ☐ Reading and comparing texts, such as speeches made by two famous speakers, with reference to vocabulary and sentence construction
  - ☐ Reading persuasive texts and evaluating them in terms of their ethical, emotional and logical or reasoning content
  - ☐ Reading texts such as speeches and researching their historical background, to distinguish nuances

- **Writing and speaking**
  - ☐ Preparing, writing and giving a speech, using the style features learnt in this unit

- **Speaking and listening**
  - ☐ Taking part in a group discussion to evaluate texts such as speeches made by famous people, expression opinions on how points were well presented or could have been improved
  - ☐ Evaluating a target audience for a text such as a brochure and assessing how best to attract and maintain their interest

- **Language**
  - ☐ Using appropriate vocabulary, grammar and sentence construction in preparing a persuasive text such as a speech
  - ☐ Learning and using vocabulary, including idioms, that relates to strong feelings or passion
  - ☐ Recognising and using appropriate styles and formats, for example, for a persuasive text such as a speech.

Exam-Style questions

س۱) مندرجہ ذیل تقریر کا اُردو ترجمہ لکھیں یا زبانی بتائیں۔

I don't know where to begin my speech. I don't know what people would be expecting me to say, but first of all thank you to God for whom we all are equal and thank you to every person who has prayed for my fast recovery and new life. I cannot believe how much love people have shown me.

Dear brothers and sisters, we must not forget that millions of people are suffering from poverty and injustice and ignorance. We must not forget that millions of children are out of their schools. We must not forget that our sisters and brothers are waiting for a bright, peaceful future.

س۲) مندرجہ ذیل جملے فعل مستقبل میں تبدیل کریں:

۱۔ محنت کرنے والے کامیاب زندگی گزار رہے ہیں۔

۲۔ پاکستان کو اسلامی دنیا میں اہم مقام حاصل ہے۔

Section 5: Argumentative language

Section introduction

This section equips you with the skills for arguing or presenting your point of view, whether through report writing, presentations based on research, or taking sides in an argument.

In this section, you will learn to:

- differentiate between persuasion and argument
- formulate an argument with a claim and counter-claim
- use appropriate grammatical structures and vocabulary to support your case.

By the end of the section, you should understand the uses of argument and how to construct a solid viewpoint on the issue you are proposing or defending.

۱۶ ہم خود کو کیوں نہیں بدلتے

Learning objectives

In this unit, you will learn and practise skills in:

- reading – reading a text, recognising and understanding how to use argument and judge evidence; recognising differences between persuasion and argument
- writing and speaking – constructing a solid point of view or argument on a given issue and reaching a logical conclusion; using research and rhetorical devices to create a convincing argument.

You will also learn and practise language skills in:

- recognising and using Urdu vocabulary that has its roots in English
- using appropriate grammatical structures such as singular/plural, compound words, synonyms and antonyms in an argument
- using appropriate styles and formats in a text such as an essay, proposing or opposing an argument.

تعارف

آپ ارشد محمود کی ایک تحریر کا مطالعہ کریں گے۔ آپ کو غور کرنا ہے کہ کسی بھی عنوان پر بحث کرنے کے لیے کس نوعیت کے حقائق کا سہارا لیا جاتا ہے۔ اس تحریر میں انداز بیان خوبصورت بنانے کے لئے موثر اور پرکشش الفاظ کا استعمال کیا گیا ہے۔ اس باب کی سرگرمیاں، ذخیرہ الفاظ میں اضافے پر بھی زور دیتی ہیں اور اردو قواعد کو مدنظر رکھتے ہوئے انشا پردازی کی صلاحیت پیدا کرنے کی کوشش کرتی ہیں۔

Activity

۱) اس سے پہلے کہ ہم شروع کریں

ایک ملک کو کامیاب بنانے والی اور عوام کو مطمئن رکھنے والی کون کون سی چیزیں ہیں؟ تحریر کریں۔

۱۰۴

۲) مطالعہ

مندرجہ ذیل متن کو غور سے پڑھیں اور مشکل الفاظ کے معانی تلاش کریں۔

ہم خود کو کیوں نہیں بدلتے

از ارشد محمود

ہم اگر اپنی قیادت اور پاکستانی عوام کے رویوں کو دیکھیں تو پتا چلتا ہے کہ ہم اپنے سیاسی، سماجی، انفرادی اور معاشی حالات کی بہتری کے لیے خود کوئی قدم نہیں اٹھاتے، جب تک زمانہ خود ہی نہ بدل جائے اور خارجی حالات یا کوئی بیرونی طاقت یا ادارہ ہمیں بدلنے پر مجبور نہ کر دے۔ ہم اجتماعی طور پر جدھر چل رہے ہیں، آنکھیں بند کیے چلتے رہتے ہیں، خواہ اس سے کتنے ہی بحران جنم لے رہے ہوں۔ ہمارا کتنا ہی نقصان ہو رہا ہو، یا ہماری آنے والی نسلوں کے لیے کتنے ہی مصائب کھڑے ہو رہے ہوں، ہم عذاب جھیلتے رہیں گے، مشکلات سہتے رہیں گے لیکن اپنی راہ آپ نہیں بدلتے۔ ہمیں احساس بھی ہے کہ ہم کسی اچھے نظام کے تحت نہیں رہ رہے اور یہ کہ ہمارے حالات کچھ اچھے نہیں ہیں۔ ہم اس صورتِ حال کا گلہ بھی کرتے رہتے ہیں اور ایک دوسرے کو کوستے بھی ہیں۔ اگر کبھی حل سوچیں گے بھی تو اسی دائرے کے اندر رہ کر سوچیں گے جس دائرے نے یہ سارے عذاب پیدا کئے ہوتے ہیں۔ ہم اپنے اردگرد پہلے ایک جال یا دائرہ بناتے ہیں اسے ہم بے حد پیارا اور مقدس بنا لیتے ہیں اور پھر وہ ہماری زندگی سے بھی زیادہ عزیز تر ہو جاتا ہے۔ مذہب کا دائرہ، حب الوطنی کا دائرہ، آمریت کا دائرہ، جمہوریت کا دائرہ، اخلاقیات کا دائرہ، حرام حلال کا دائرہ، حالاں کہ انسان زندگی میں جتنے بھی دائرے بناتا ہے ان کا محور انسان کی اپنی ذات اور زندگی ہی ہوتی ہے نہ کہ انسانی زندگی ان کے لیے۔ لہذا کوئی بھی قانون، اصول، پالیسی ہو وہ انسانی فائدے یا اس کی ترقی سے مشروط ہے، ورنہ قانون، اصول، اور پالیسیاں خود انسان کی زندگی، سماج اور ریاست کے لیے عذاب بن جائے تو پھر انھیں چھوڑ کر کوئی اور قاعدہ یا پالیسی تخلیق کرنی چاہیے تاکہ زندگی میں سہولت پیدا کی جا سکے۔ قوانین انسانوں کے لیے ہوتے ہیں، انسان قوانین کے لیے نہیں ہوتے۔ جن قوانین کو ہم آسمانی یا خدائی سمجھتے ہیں، وہ بھی انسانوں کے توسط سے متعارف ہوئے تھے اور انسانوں ہی کی کسی فلاح اور سہولت کے لیے تھے۔

وقت بدلنے پر نئے ضوابط، نئے فیصلے، نئے اصول اور نئی پالیسیاں بنانی پڑتی ہیں۔ فرد اور معاشرے کو اپنے بنائے ہوئے سانچے سے باہر آ کے سوچنا ہوتا ہے۔ نظریات بھی اشیا کی طرح ہوتے ہیں۔ زمانہ بدلنے پر نئی مشینیں، نئے اوزار، نئی سائنس تخلیق کرنی

ہوتی ہے۔نئی ضروریات کے مطابق نئی چیزیں بنائی ہوتی ہیں اور یوں زندگی آگے بڑھتی ہے۔ہم چیزوں کے ساتھ چمٹ جاتے ہیں۔انسان چھوٹا ہوجاتا ہے اور نظریئے، اصول اور قاعدے انسان سے اونچے قرار پاتے ہیں لیکن اس میں ایک دھوکا پوشیدہ ہوتا ہے۔وقت سے پیچھے رہ جانے والے نظریات سے کچھ باثر لوگوں کی روزی روٹی وابستہ ہوتی ہے۔مفادات جڑے ہوتے ہیں۔وہ نہیں چاہتے کہ ان مفادات کو کوئی خطرہ لاحق ہو۔وہ انہیں اب بھی ابدی اور غیر مبتدل حقیقت کے طور پر پیش کرتے ہیں۔وہ کہتے ہیں کہ اے انسانو!تم چھوٹے ہو تم ان نظریات کے محتاج ہو۔یہ نہیں بدل سکتے۔حالاں کہ وقت گزر چکا ہوتا ہے، حالات بدل چکے ہوتے ہیں۔ان نظریات کی طاقت ختم ہوچکی ہوتی ہے اور اب وہ انسان یا معاشروں کو کچھ نہیں دے سکتے۔عام لوگوں کی نسل در نسل بربادی ان کا مقدر بن جاتی ہے۔

چنانچہ ایک فرد کا معاملہ ہو، یا کسی قوم کا ،ہمیں ہر اس اصول ، قانون، نظریے یا پالیسی کو بدلنے کا مطالبہ کرنا چاہیے جو ہماری زندگیوں کے لیے مشکلات کا باعث ہو، جو ہماری زندگی میں خوشی اور خوشحالی کو روکتا ہو، جو ہمارے ملک کی ترقی کی راہ میں رکاوٹ اور ہمارے معاشرے میں فساد کا باعث بنتا ہو، جو ہمارے ذہنوں کو کشادہ کرنے کے بجائے تنگ کرتا ہے۔جو ہمیں خود سے اور دوسرے سے محبت سے روکتا ہو۔ہر انسان کو سمجھنا چاہیئے کہ زندگی اس کے لیے بنی ہے، اس سے عظیم تر چیز اور کوئی نہیں۔ہمیں اپنے درمیان بیوقوف بنانے والے لوگوں کو جرات سے مسترد کرنا ہوگا۔ہمیں ایسے خیالات کی پرستش کی ضرورت نہیں جن کے باعث خود انسان کی انفرادی اور اجتماعی زندگی جہنم بن جائے۔انسان کی خوشی سے بڑھ کر کوئی اور چیز مقدس نہیں ہوسکتی۔تمام اخلاقی نظام انسانوں کی خدمت کے لیے تھے اور اسی طرح قومی پالیسیاں جو بھی ہوں ، وہ بالآخر عام شہری کی خوشی اور خوشحالی پر مبنی ہونی چاہیے۔لیکن ہمارے یہاں معاملہ الٹا ہے۔عوام جہنم میں جائیں ، ہم اس طرح کی روایات اور سلامتی کے چکروں میں ملک کے وسائل کو وقف کیے ہوئے ہیں جو طاقت ور بالائی طبقات نے اپنے عیش وآرام اور بالا دستی کو برقرار رکھنے کے لیے گھڑ رکھے ہیں۔

ہم سب کا فرض ہے کہ ہم ان تمام نام نہاد اصولوں، نظریات اور پالیسیوں کے نشاندہی کریں جو ہماری ذاتی اور اجتماعی ترقی کی راہ میں رکاوٹ ہیں۔جنھوں نے پاکستان کے ایک عام شہری کو بے توقیر کر رکھا ہے۔اور جو ہمارے حکمرانوں کو پاکستان کے شہریوں کی بہبود سے زیادہ عزیز ہیں۔انہیں کروڑوں لوگوں کی افلاس زدہ زندگی سے کوئی دکھ نہیں ہوتا ، نہ انہیں ان کی حالت کی پرواہ ہے، لیکن اپنے من پسند کسی خاص مسئلے کو زندہ رکھنے کے لیے وہ کچھ بھی کر سکتے ہیں۔

Learning tip

An argumentative text has two aims:

- persuading people to change their point of view or accept a new point of view
- persuading people to change their behaviour or perform a specific action.

۳) ذخیرہ الفاظ

مندرجہ ذیل اردو الفاظ ان کے انگریزی معانی سے ملائیں۔

اردو	ترجمہ
سیاسی	social
سماجی	patriotism
معاشی	ethics
بحران	state
حب الوطنی	economic
جمہوریت	crisis
اخلاقیات	democracy
ریاست	political

Vocabulary

In everyday Urdu you may come across words that have their origin in English.

For example, پالیسی in Urdu is derived from "policy" in English. Albeit there are words in Urdu that translate into "policy" such as حکمتِ عملی، حسنِ تدبیر، تدبیرِ مملکت.

However, the plural form will not be the same as in English. It will follow the same rules as would other plural words in Urdu. The plural of "policy" in Urdu would be پالیسیاں or پالیسیوں

۴) فہم

۱۔ 'نظریات بھی اشیاء کی طرح ہوتے ہیں'۔آپ کے خیال میں مصنف کی اس سے کیا مراد ہے؟

۲۔ اصول، قانون اور پالیسیاں کس طرح سے ہماری زندگی میں مشکلات کا باعث ہیں؟

۳۔ مصنف کے خیال میں اصول، قوانین اور پالیسیاں کس طرح نسل در نسل برقرار رہتے ہیں؟

۴۔ اس مضمون کا مرکزی خیال کیا ہے؟

۵) متضاد

مندرجہ ذیل الفاظ کی ضد لکھیں۔ متن سے تین مزید الفاظ اور ان کی ضد تلاش کریں۔

الفاظ	متضاد
کشادہ	
ذاتی	
فرد	

۶) بلاغت کی امثال

اس مضمون کو غور سے پڑھیں اور بلاغت کی کچھ مثالیں درج کریں۔

۷) جماعتی سرگرمی

مضمون کا جائزہ لیں۔ مصنف نے کن نکات کے ذریعے اپنا پیغام قاری تک پہنچایا ہے تحریر کریں۔ نیز ان کی پیش کردہ تحقیق کا تنقیدی جائزہ لیں۔ کیا انہوں نے صحیح دلائل اور تحقیق پیش کی ہے؟

۸) مضمون نویسی

اس مضمون کے جائزے کے بعد (سرگرمی ۶ اور ۷) طلبا دو، دو کے گروہ بنالیں۔ ہر جوڑا کوئی سے تین دلائل لے کر اس کے مرکزی خیال 'ہر چیز انسان کی خوشی کے مطابق بدلنی چاہئے' کے خلاف ایک جوابی مضمون لکھے۔ آپ کے خیال میں ہر چیز انسانی خوشی کے مطابق ہونی چاہئے؟ (اس بات کا خاص خیال رکھیں کہ آپ کی بات دلائل پر مبنی ہو)۔

> **Grammar in context**
> مترادفات are synonyms in Urdu.

۹) قواعد

مندرجہ ذیل الفاظ کے مترادف متن سے تلاش کرکے لکھیں۔ ایک مثال آپ کے لیے کردی گئی ہے۔

سہولت	آسانی
بحران	
مشکلات	
جال	
قانون	
اصول	

(۱۰) تحریری سرگرمی

مندرجہ ذیل تصویر کے بارے میں آپ کا کیا خیال ہے؟ کیا آپ اس تصویر سے اتفاق کرتے ہیں؟ دلائل کے ساتھ اپنی بات پیش کریں۔

Challenge

Select a controversial topic such as a social taboo and write about it.

Reflect on your learning
Skills check

In this unit, you have learnt skills in:

- **Reading**
  - ☐ reading a text and making notes about the main points
  - ☐ reading and comparing texts, such as speeches made by two famous speakers, with reference to vocabulary and sentence construction
  - ☐ reading persuasive texts and evaluating them in terms of their ethical, emotional and logical or reasoning content
  - ☐ reading texts such as speeches and researching their historical background, to distinguish nuances

- **Writing and speaking**
  - ☐ expressing ideas and opinions on an issue
  - ☐ demonstrating understanding through proposing and challenging an argument
  - ☐ examining evidence and producing a clear counter-argument to what has been stated

- **Speaking and listening**
  - ☐ taking part in a group discussion to evaluate a topic such as a government policy
  - ☐ expressing ideas and opinions to support or challenge an argument
  - ☐ using research and rhetorical devices to create an effective argument
  - ☐ interpreting a situation or scenario, using cues from other people or an image, to reach the most probable conclusion

- **Language**
  - ☐ recognising and using Urdu vocabulary that has its roots in English
  - ☐ learning and using appropriate grammatical structures such as singular/plural, compound words, synonyms and antonyms in an argument
  - ☐ using appropriate styles and formats in a text such as an essay, proposing or opposing an argument.

Exam-style questions

س۱) مناسب الفاظ سے خالی جگہ پر کریں:

ہم کو ۔۔۔۔۔۔۔۔۔۔ زندگی گزارنے کے لئے اپنے ۔۔۔۔۔۔۔۔۔۔ کو بدلنا چاہیے اور ۔۔۔۔۔۔۔۔۔۔ سے گلہ کرنے کے بجائے اپنے ۔۔۔۔۔۔۔۔۔۔ کی فکر کرنا چاہیے۔ تب ہی ہم ایک ۔۔۔۔۔۔۔۔۔۔ انسان بن سکتے ہیں۔

| پرسکون | طریقے | رویوں | تقدیر | حال | مستقبل | بہتر |

س۲) مندرجہ ذیل محاورات کے جملے بنائیں۔

۱۔ جوڑ توڑ کرنا

۲۔ قسمت کا دھنی ہونا

۱۷ سویڈن میں قید خانوں کا نظام

Learning objectives

In this unit, you will learn and practise skills in:

- reading – reading a text such as an argumentative essay or speech, identifying rhetoric (persuasive techniques) and evaluating the reliability of the content
- writing – using rhetoric in essay writing; effectively supporting a point of view with well-reasoned, integrated arguments
- speaking – using rhetoric in a conversation.

You will also learn and practise language skills in:

- transforming sentences by changing singular and plural words and verb tenses
- showing awareness of different use of register (different aspects of language) in debate, argumentative essays and recommendations based on research
- showing understanding of grammatical conventions such as sentence structure and use of paragraphs in written and spoken texts.

تعارف

یہ باب اردو میں تقریر نویسی کے طریقے اور اصول وضوابط کا احاطہ کرتا ہے۔ غور کیجیے گا کہ اس میں گفتگو کا انداز ایسا ہے جس میں مقام و مرتبے کا لحاظ رکھتے ہوئے جملوں اور قواعد کا سادہ استعمال کیا گیا ہے۔

Activity

۱) اس سے پہلے کہ ہم شروع کریں

'جیل یا قید خانے قیدیوں کو مزید بگاڑتے ہیں' اس موضوع پر بحث کریں اور مباحثے کے نکات سفید تختے پر درج کریں۔

یا

'قید خانے با مقصد ہوتے ہیں یا بے مقصد؟' کے عنوان پر ووٹ دیں اور ہر طالبِ علم اپنے نکتہ نظر پر دلائل دے۔

۲) مطالعہ

درجِ ذیل مضمون غور سے پڑھیں۔

سویڈن میں قید خانوں کا نظام

(ایرون جیمز)

"ہمارا مقصد سزا دینا نہیں ہے۔ جب کہ جیل بھیجنا ایک سزا ہے۔ قیدی اپنی فطری آزادی سے محروم کر دیا جاتا ہے۔ اُن کا ہمارے ساتھ رہنا ہی اُن کے لئے سزا ہے"۔ ان خیالات کا اظہار سویڈن کے چوّن (۵۴) سالہ جیل ڈائریکٹر جنرل نلز اوبرگ نے کیا۔ وہ کل "پینل ریفارم" کے موضوع پر لیکچر دیں گے، جہاں وہ بتائیں گے کہ سویڈن کیسے اپنے قید خانے بند کرنے اور قیدیوں کی تعداد کم کرنے کے اقدامات کرے گا۔

۲۰۰۴ سے سویڈن کی جیلوں میں قیدیوں کی تعداد ۵۷۲۲ سے گھٹ کر ۴۵۰۰ رہ گئی ہے۔ جبکہ سویڈن کی کُل آبادی ۹۵ لاکھ ہے۔ گزشتہ سال ۵۶ جیلوں میں سے چار کو بند اور دیگر جیلوں کے حجم کو کم کر دیا گیا۔ اس کے برعکس، برطانیہ اور ویلز میں ۵۷ ملین کی آبادی میں پچاسی ہزار (۸۵۰۰۰) قیدی ہیں۔ جبکہ دُہرے جرم کی شرح ۴۰ فیصد ہے جو کہ برطانیہ اور دوسرے یورپی ممالک کے مقابلے میں نصف سے بھی کم ہے۔ کیا وہ اس کامیابی کا سہرا قیدیوں کی بحالی کی مؤثر پالیسی کے سر کریں گے؟

"بظاہر ہم، یہ یقین رکھتے ہیں کہ یہ اس کا کچھ حصہ ہی ہے۔ ہمیں امید ہے کہ ہم صحیح کہہ رہے ہیں۔ پچھلے سال قومی سطح پر "نیشنل کلائینٹ سروے" کروایا گیا تاکہ وہ عوامل جانے جاسکیں جو ان کے مجرمانہ رویّے کو بدل سکیں۔ اس جائزے سے کوئی نئی بات تو

سامنے نہ آسکی البتہ اس پہلو کی تصدیق ہوگئی کہ ہم نے ان تجربوں سے کیا کیا سیکھا۔اس سے یہ بھی پتا چلا کہ ہمارے موکل کو دو سے زیادہ اور بعض اوقات سات سے آٹھ مسائل کا سامنا کرنا پڑتا ہے۔جن میں منشیات،شراب اور نفسیاتی مسائل شامل ہیں۔یہ مسائل راتوں رات پیدا نہیں ہوتے بلکہ ان کے ظاہر ہونے میں سالہا سال لگ جاتے ہیں۔ ہمارے پاس تبدیلی لانے کا بہت کم موقع ہوتا ہے۔اس لئے ہمیں پہلے دن سے ابتدا کرنی پڑتی ہے۔یہ ہمارا المیہ ہے کہ ہمیں ایک مسئلہ کے بجائے تمام مسائل کو دیکھنا پڑتا ہے۔

۲۰۰۴ سے تاحال، زیادہ تر ممالک میں، کسی بھی شخص کو، جسے عدالت نے مجرم قرار دے دیا ہو،مجرم تصور کیا جاتا ہے۔جبکہ سویڈن میں سزا یافتہ لوگوں کو بھی ابتدائی طور پر عام شہری ہی تصور کیا جاتا ہے،جس کی مختلف انسانی ضروریات ہوتی ہیں اور جسے مدد درکار ہوتی ہے۔ان ممالک کے ردعمل میں ایک اہم فرق سیاستدانوں کے کردار کا ہے۔سیاست دانوں کا سارا زور قیدیوں کی بحالی کے بجائے ان کو سزا دینے پر ہے۔

محکمہ انصاف کے سیکریٹری کرس گرے لنگ نے حال ہی میں ایسے اقدامات متعارف کرائے ہیں جن میں "بحالی" کے برخلاف سزا پر زور ہے۔جولیٹ لی اون کے بقول ان میں قیدیوں کو جیل کی وردی پہننے،انھیں کتابوں کی ترسیل اور رات ساڑھے دس بجے بتیاں بجھانے پر مجبور کیا جاتا ہے۔اوبرگ کہتے ہیں "ہمارا خیال ہے کہ سویڈن میں ایسا کرنے پر ان کو برطرف کر دیا جائے۔یہ سویڈن کے آئین کی خلاف ورزی ہوگی۔ ہمارے نظام میں ایک سیاستدان کا ہمارے کام میں مداخلت ایک ممنوعہ امر ہے۔درحقیقت وہ مجھے اور میرے ساتھیوں کو اپنی توقعات سے آگاہ کرے گا اور ہم ان پر پورا اترنے کی کوشش کریں گے۔ہمارے ہاں پبلک ایڈمنسٹریشن اور حکومت میں واضح تقسیم ہے۔حکومت سالانہ اہداف مقرر کرتی ہے اور ان پر کام کرنا خالصتاً ہماری ذمہ داری ہے" مگر جب ان سے سویڈن میں رائے عامہ کے بارے میں پوچھا گیا تو انھوں نے کہا کہ سویڈش عوام میں مجرم اور جرم کے لئے بہت غصہ ہے۔مگر عوام کی رائے کے باوجود عدل و انصاف کے شعبے کو دور اندیشی سے دیکھنا پڑتا ہے۔اس میں آپ کو انصاف کے لئے طویل المدت اقدامات کرنے ہوتے ہیں۔ ایسا نہیں ہوتا کہ آپ ایک دن کوئی قدم اٹھائیں اور دوسرے دن اسے تبدیل کر دیں۔یہ بالکل بیکار ہوگا۔اس شعبے میں ہمیں لمبے عرصے کے لئے حکمت عملی بنانی اور نافذ کرنا ہوتی اور اس پر ثابت قدم رہنا ہوتا ہے۔" انھوں نے مزید کہا کہ ملک کی پڑھی لکھی آبادی اس بات کو سراہتی ہے کہ سارے مجرم ایک دن دوبارہ معاشرے کا حصہ بن جائیں گے۔جب آپ عوام کے ساتھ سیاسی ڈائیلاگ کرتے ہیں تو اعتماد کی فضا پیدا ہوتی ہے۔

کیا وہ امید رکھتے ہیں کہ ان کا لیکچر برطانیہ کے لئے کوئی نصیحت ہوگا اور مددگار ہوگا، جہاں حکومت کو جیلوں میں حد سے زیادہ قیدیوں کی تعداد،عملہ کی کمی اور قیدیوں میں گزشتہ سال کے مقابلے خودکشی کے رجحان میں ۹۶ فیصد اضافہ کا سامنا ہے۔

"میں یہ لیکچر دینے کے بعد خود کو بہت جذباتی اور پر جوش محسوس کر رہا ہوں ،لیکن اس ضمن میں ، میں کسی کو بھی کوئی نصیحت دینے میں محتاط رہوں گا۔ ہم اپنے تجربات ایک دوسرے کے ساتھ بانٹ سکتے ہیں اور شاید ایک دوسرے کو متاثر بھی کر سکتے ہیں لیکن یہ یاد رہے کہ ہمارے کام کی تکمیل کی شرائط بالکل ہی مختلف ہیں"

سویڈن کملا جیل کا ایک کمرہ

"میری خواہش ہے کہ میں انھیں یہ بتاؤں کہ ہم ان نتائج پر کس طرح پہنچے اور یہ بھی کہ ہمیں یہ فیصلہ کرنا ہے کہ ہم جیل کو اپنی پہلی آپشن رکھیں یا آخری۔ اور آپ اس سے کیا حاصل کرنا چاہتے ہیں۔ کچھ لوگوں کو یقیناً قید میں ڈال دینا چاہیے۔لیکن یہ بھی نصب العین ہونا ضروری ہے کہ انھیں دوبارہ معاشرے کا حصہ بھی بنایا جائے۔"

Vocabulary
Rehabilitation is known as بحالی

۳۔ فہم

۱۔ ڈائریکٹر جنرل جناب نلز اوبرگ کی اس جملے سے کیا مراد ہے'ہمارا مقصد سزا دینا نہیں ہے۔ جب کہ جیل بھیجنا ایک سزا ہے۔قیدی اپنی فطری آزادی سے محروم کر دیئے گئے ہیں'؟

۲۔ سویڈن کے قید خانوں کے بند ہونے ، قیدیوں اور جرائم کی شرح میں کمی ہونے کی بظاہر کیا وجہ ہے؟

۳۔ سویڈن کے قید خانوں کے نظام میں حکومت کا کیا کردار ہے؟

۴۔ قید خانوں کے نظام کے بارے میں عوام کا کیا تصور ہے؟

۴) مضمون نویسی

مضمون پڑھنے کے بعد اُس سے اتفاق کرتے ہوئے ایک تحقیق پر مبنی عبارت لکھیں جس میں آپ اس نظام کی حمایت کریں گے۔ اس کام کے لیے آپ آن لائن یا کتابوں کی مدد سے تحقیق کر سکتے ہیں۔

Learning tip

An argumentative essay is different from a persuasive essay.

- A persuasive essay attempts to draw people to your side with emotional appeals.
- An argumentative essay details the different positions in an argument and draws people to your side by offering clear evidence and proven facts.

۵) قواعد

واحد جملے، جمع اور جمع جملے، واحد میں تبدیل کریں۔

۱۔ قید خانوں میں قیدیوں کی تعداد حد سے زیادہ ہے۔

۲۔ قیدی اپنی فطری آزادی سے محروم کر دیا گیا ہے۔

۳۔ ان خیالات کا اظہار سویڈن کے ڈائریکٹر جنرل نے کیا۔

۴۔ قیدیوں کی تعداد کم کرنے کے اقدامات کریں گے۔

۵۔ ہم نے اس تجربہ سے کیا سیکھا؟

۶) رپورٹ نویسی (سرگرمی برائے جوڑ)

آپ کے خیال میں ریاست کے انتظامی ڈھانچے میں جیلیں ہونی چاہیئے یا اس مقصد کے لیے صرف بحالی مراکز کافی ہیں؟ نیز پاکستان اور سویڈن کی جیل خانہ جات کے نظام کا موازنہ کر کے کسی ایک کی حمایت کریں۔ یاد رہے کہ آپ کا مضمون حقیقی دلائل پر مبنی ہو۔

۷) جملے کی بناوٹ میں تبدیلی:

مندرجہ ذیل جملے فعل مستقبل میں تبدیل کریں۔

۱۔ پچھلے سال قومی سطح پر "نیشنل کلائینٹ سروے" کروایا گیا۔

۲۔ بعض اوقات، سات سے آٹھ مسائل کا سامنا کرنا پڑتا ہے۔

۳۔ ان کے ظاہر ہونے میں سالہا سال لگ جاتے ہیں۔

۴۔ ہمیں ایک مسئلہ کے بجائے تمام مسائل کو دیکھنا پڑتا ہے۔

۵۔ قیدیوں کو بتیاں بجھانے پر مجبور کیا جاتا تھا۔

۸) تجویز

امریکی ریاست کیلی فورنیا میں نوجوان قیدیوں کے لئے ایک پروگرام "Words Within The Walls" متعارف کرایا گیا ہے جو تخلیقی کمپوزیشن ورکشاپ کے ذریعے ان کی رہنمائی کرتا ہے۔ اس میں نوجوان قیدیوں نے بھر پور حصہ لیا۔ آپ تعلیمی اور سماجی پہلوؤں کو مدِ نظر رکھتے ہوئے ایسا ہی ایک پروگرام تجویز کریں۔

Challenge

Present your programme to any person in authority who could help you put it into practice.

Reflect on your learning

Skills check

In this unit, you have learnt skills in:

- **Reading**
  - ☐ reading a text and analysing its use of rhetoric
  - ☐ reading a text and noting how the writer has used evidence to support arguments
- **Writing**
  - ☐ developing and presenting an argument, expressing each fresh point clearly, in a new paragraph
  - ☐ using evidence to support credible claims in argumentative essays or reports
- **Speaking and listening**
  - ☐ listening and responding appropriately to the contributions of others in a debate
  - ☐ recognising the use of rhetoric in a debate
- **Language**
  - ☐ communicating clearly in structured sentences, using appropriate singular, plural and tense forms of verbs
  - ☐ using appropriate styles and formats in a text such as a debate or an argumentative essay
  - ☐ selecting and organising information to support or oppose a point of view.

Exam-style questions

س۱) مندرجہ ذیل کا اردو میں ترجمہ کریں۔

"An individual politician cannot interfere with the running of our business. The government sets goals in a yearly letter of intent, and then the responsibility for the work is entirely ours."

س۲) مندرجہ ذیل محاورات کے جملے بنائیں۔

دکھ بانٹنا   راتوں رات بدل جانا   سہرا باندھنا

۱۸ علامہ اقبال

Learning objectives

In this unit, you will learn and practise skills in:

- reading – reading source documents and extracting numerical or historic data to support or oppose an argument
- writing – preparing to support a point of view with detailed and well-reasoned arguments; polishing report-writing skills
- speaking and listening – giving a presentation on a literary piece of work; using logic rather than feelings to present an argument.

You will also learn and practise language skills in:

- using plurals of plurals in Urdu grammar
- understanding and using the vocabulary found in the poetry of Allama Iqbal
- using appropriate conventions of grammar, sentence structure, spelling and punctuation in translations
- showing awareness of different use of register (different aspects of language) in debate, argumentative essays and reports, based on research.

تعارف

یہ باب ہماری طرف سے آپ کے لئے ایک تحفہ ہے۔اس باب میں ہم آپ کو علامہ اقبال کی شاعری کے کچھ پہلوؤں سے متعارف کروا رہے ہیں۔ یہ اقبال کی سوانح عمری نہیں بلکہ انکی ذات کا ایک پہلو ہے۔علامہ اقبال پاکستان کے خواب کی علامت ہیں ۔ چنانچہ آپ، پاکستان کی آئندہ نسل ،ان سے کیوں محروم رہیں؟ آپ کو محض ان کی سوانح حیات کی تفصیلات بتانا مقصود نہیں کیوں کہ اپنے نکتہ نظر کے دفاع کے لئے اپ کو اس کی تحقیق خود کرنی ہے۔دراصل اس باب سے آپ کی تمام مہارتوں کی جانچ ہو جائے گی، خواہ وہ تحریری ہوں یا سننے اور بولنے سے تعلق رکھتی ہوں۔ ہم چاہتے ہیں کہ آپ بھرپور اعتماد کے ساتھ اپنا نکتہ نظر بیان کرسکیں اوراردو زبان میں اس کا دفاع کرسکیں۔ یہ باب آپ کی صلاحیتیں خوب سے خوب تر بنانے کا ایک ذریعہ ہے۔

Activity

۱) اس سے پہلے کہ ہم شروع کریں

کیا آپ نے کبھی علامہ اقبال کی شاعری کا مطالعہ کیا ہے؟ اگر ہاں تو کب اور کیسے؟ اگر نہیں تو کیا آپ اس کا مطالعہ کرنا چاہیں گے۔ اپنے جواب کی وجوہات بھی لکھیں۔

Vocabulary
Allama Iqbal's collection of poetry is referred to as کلیاتِ اقبال.

۲) مطالعہ

مندرجہ ذیل متن کو غور سے پڑھیں اور لغت کی مدد سے مشکل الفاظ کے معنی تلاش کریں۔

علامہ اقبال

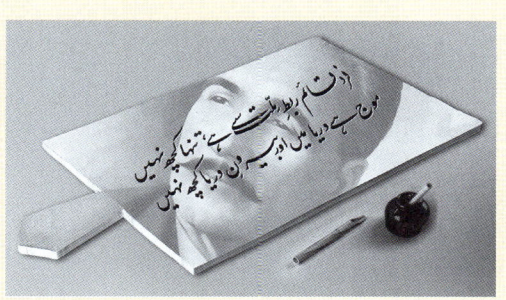

علامہ اقبال صرف برصغیر کے مسلمانوں کے لیے ایک شاعر ہی نہیں بلکہ ایک سوچ ایک تحریک تھے۔ نہ صرف تب بلکہ آج بھی وہ ہر پاکستانی کے لیے ایک سوچ ایک تحریک کا نام ہیں۔ وہ ایک ایسا تصور ہیں جو آپ کی زندگی کو یکسر بدل دے۔ ان کی شاعری نے نہ صرف برصغیر، بلکہ ہر شخص کی زندگی پر اپنا اثر چھوڑا ہے اور ہر قاری میں، خواہ وہ تقسیم سے پہلے کا ہو یا آج کا، ایک انقلابی سوچ پیدا کی ہے۔ وہ آج بھی ممتاز، معزز، مقبول ترین اور عظیم شاعر ہیں۔ وہ اُن شعرا میں سے ہیں جن کا آج بھی سب سے زیادہ حوالہ دیا جاتا ہے، خواہ کسی نے ان کے کلام کا مطالعہ کبھی نہ کیا ہو۔ آخر کوئی تو وجہ ہے جو انہیں 'شاعرِ مشرق' کہا جاتا ہے۔

اقبال کا نمایاں ترین کارنامہ نوجوانوں کو زندگی کی طرف لانا اور انھیں بیدار کرنا تھا۔ انھیں یہ بتانا تھا کہ نوجوان ہی ہیں جو قوم کو ترقی کی راہ پر گامزن کر سکتے ہیں۔ وہ اگر بہتر انداز میں تربیت یافتہ ہوں تو معجزے برپا کر سکتے ہیں۔ کسی ملک کا مستقبل اس کے نوجوانوں پر منحصر ہے۔ اگر نوجوان نسل خوددار اور قابل ہو تو اس قوم کا کوئی دوسری قوم زندگی کے کسی بھی میدان میں مقابلہ نہیں کر سکتی۔ اور اگر نوجوان نسل کاہل، سست اور نااہل ہو تو وہ قوم تباہ و برباد ہو جاتی ہے۔ اسی وجہ سے اقبال کی شاعری زیادہ تر نوجوان نسل پر مرکوز ہے۔ وہ نوجوانوں سے امید، اتحاد اور فکری آزادی کی بات تو کرتے ہیں لیکن جب وہ انھیں خودی کے بارے میں بتاتے ہیں تو یہ بات ان کے پیغام میں سب سے بہتر شمار کی جاسکتی ہے:

ع خودی کو کر بلند اتنا کہ ہر تقدیر سے پہلے خدا بندے سے خود پوچھے، بتا تیری رضا کیا ہے

اقبال کے کلام میں آپ کو 'شاہین' کا تذکرہ بار بار ملے گا۔ علامہ اقبال مردِ مومن کو شاہین سے تشبیہ دیتے ہیں جو پڑھنے والے کو اپنے مقصد کی تکمیل کے لئے جوش اور دلیری پر اکساتا ہے۔ آپ کو اس قابل بناتا ہے کہ آپ اپنے مقصد کی تکمیل کے لئے دلیری اور ہمت سے کام لے:

ع　　تو شاہیں ہے پرواز ہے کام تیرا　　　ترے سامنے آسماں اور بھی ہیں

موضوعات کے علاوہ اقبال کی شاعری زبان کے لحاظ سے بھی بہت وسعت رکھتی ہے۔ وہ اردو، فارسی اور عربی کے عالم تھے۔ حتیٰ کہ وہ کیمبرج یونیورسٹی میں عربی زبان کی تدریس سے بھی وابستہ رہے۔ اس سطح کی تحریر اپنی صلاحیتوں کے مظاہرے کا ایک غیر معمولی ذریعہ ہے۔

۳) **فہم:**

۱۔ 'اگر نوجوان نسل خوددار اور قابل ہو تو اس قوم کا کوئی دوسری قوم زندگی کے کسی بھی میدان میں مقابلہ نہیں کر سکتی۔' آپ اس بات سے متفق ہیں یا نہیں؟ اپنی دلیل کے حق میں حالات حاضرہ یا تاریخ سے مثالیں دیں۔

۲۔ اقبال کی شاعری میں بار بار شاہین کا ذکر ہے۔ آپ کیا سمجھتے ہیں کہ اس سے انھوں نے کسی فرد یا قوم میں کس طرح کا کردار پیدا کرنے کی کوشش کی ہے؟ کلامِ اقبال سے کوئی سے دو اشعار کا حوالہ دیں، جو درج بالا عبارت کے علاوہ ہوں۔

۴) **تشریح:**

تشریح کریں　　ع　فرد قائم ربطِ ملت سے ہے، تنہا کچھ نہیں
موج ہے دریا میں اور بیرونِ دریا کچھ نہیں

۵) **تحقیق:**

۱۔ علامہ اقبال کے تعلیمی پس منظر کے بارے میں مختصر تحقیق کریں۔

۲۔ کیا علامہ اقبال کی شاعری سے ایران میں یا برصغیر کے علاوہ کسی ملک یا خطے کے افراد میں کوئی تبدیلی پیدا ہوئی؟ تحقیق کریں اور تفصیلاً تحریر کریں۔

۶) **کردار کی ادائیگی:**

ایک تمثیل بنائیں۔فرض کریں کہ کلیاتِ اقبال ،کسی مصنوعات کی طرح ہے اور آپ کو اسے بیچنا ہے۔آپ کا کام یہ ہے کہ آپ سامعین کو اسے خریدنے کے لئے قائل کریں۔آپ انھیں بتائیں گے کہ یہ لوگوں کی بنیادی ضروریات کو پورا کرے گی اور انھیں اسے ضرور خریدنا چاہیے۔آپ کو اس سلسلے میں تحقیق کی ضرورت پڑسکتی ہے ۔

۷) **نکتہءنظر:**

کیا آپ سمجھتے ہیں کہ کوئی بھی زبان سیکھنے کے دوران طلبا کو شاعری پڑھائی جانی چاہیے؟ اپنے جواب کی وجہ بھی بیان کریں۔

۸) **اظہارِ رائے:**

اگر آئندہ سال اردو کے نصاب میں کلامِ اقبال لازمی کر دیا جائے تو آپ خوش ہوں گے یا ناخوش ؟ کیا آپ اسے اپنے لیے ایک مشکل مرحلہ سمجھیں گے اور کیوں؟

۹) **مباحثہ:**

درج بالا سرگرمیوں کی بنیاد پر جماعت میں ایک مباحثہ کروائیں،جس کا عنوان ہوگا:

" کیا اقبال اردو نصاب کا حصہ ہونا چاہئے؟"

جماعت کو دوحصوں میں تقسیم کر کے ایک گروپ اس عنوان کی مخالفت اور دوسرا گروپ اس کی موافقت میں بحث کرے۔

۱۰) **رپورٹ:**

مباحثے کی بنیاد پرایک رپورٹ لکھیں کہ کیا اقبال کو نصاب کا ایک لازمی حصہ بنانا چاہئے۔اپنی رپورٹ میں اس مباحثے کے نتائج درج کریں۔مزید یہ کہ اس رپورٹ میں سامعین اورمقررین کا ذکر بھی کریں۔

۱۱) **ترجمہ نویسی:**

مندرجہ ذیل عبارت کا ترجمہ کریں:

I have been though numerous works of intellectuals and thinkers. But nobody makes you think the way Iqbal does. There is something pure and sincere about his thought when it comes to nation building. Not only that, he is also a revolutionary poet. The biggest consequence of poetry is the youth connecting with their true identity and discovering a passion for what their aim of life should be.

۱۲) جمع الجمع کی مثال

کلیاتِ اقبال سے جمع الجمع کی ۱۳ مثال تلاش کریں۔

> **Grammar in context**
> In Urdu, you have plurals and then you have plurals of plurals called "جمع الجمع".
> Some examples are given below:
>
> | واحد | جمع | جمع الجمع |
> |---|---|---|
> | جوہر | جواہر | جواہرات |
> | خبر | اخبار | اخبارات |
> | رسم | رسوم | رسومات |

> **Learning tip**
> Remember that in an argument you have to argue your case logically and not emotionally.
>
> Support your argument with facts and figures or historical data to build your case.

> **Challenge**
> Below is a list of Iqbal's famous poems. Working in a group of three or four students, choose one of the poems and review it for the rest of the class. The challenge is for you to demonstrate to the class how the message in each poem applies to the youth today. You might need to speak to a few people, do a bit of online research and ask your teacher to help you with understanding the true meaning of the poem you select.
>
> ۱) شکوہ
> ۲) جواب شکوہ
> ۳) طلباء علی گڑھ کے نام
> ۴) کبھی اے حقیقت منتظر
> ۵) دل سوز سے خالی ہے
> ۶) خودی وہ بحر ہے جس کا کوئی کنارا نہیں
> ۷) نہ تو زمیں کے لئے ہے نہ آسماں کے لئے
> ۸) افلاک سے آتا ہے نالوں کا جواب
> ۹) ستاروں سے آگے جہاں اور بھی ہیں
> ۱۰) طارق کی دعا (یہ غازی یہ تیرے)
> ۱۱) ایک نوجوان کے نام
> ۱۲) ساقی نامہ
> ۱۳) جاوید کے نام
> ۱۴) ابلیس کی مجلس شوریٰ
> ۱۵) سلطان ٹیپو کی وصیت

Reflect on your learning

Skills check

In this unit, you have learnt skills in:

- **Reading**
  - ☐ reading and comparing poems by different authors
  - ☐ examining the content and context of a text and expressing opinions based on qualitative factors, such as impact and consequences, as well as numerical data
- **Writing**
  - ☐ developing ideas clearly and organising them into a logical sequence
  - ☐ writing a report, for example, abut a debate, with conclusions supported by clear and sound reasoning
- **Speaking and listening**
  - ☐ researching and presenting an argument
  - ☐ giving a presentation about a piece of literature, to persuade an audience to a point of view
- **Language**
  - ☐ recognising the use of plurals and typical vocabulary in Allama Iqbal's poetry
  - ☐ using appropriate conventions of grammar, sentence structure, spelling and punctuation in translations
  - ☐ showing awareness of different use of register (different aspects of language) in debate, argumentative essays, reports and presentations.

Exam-style questions

س ۱) اردو میں ترجمہ کریں:

Allama Iqbal was a revolutionary poet. He presented numerous philosophical theories. Not only was he well respected and renowned in the subcontinent, but also well known for his work throughout the world.

س ۲) علامہ اقبال نے کسے شاہین سے تشبیہ دی ہے اور کیوں؟

Grammar checklist

Once you have drafted your work, carry out a final check for accuracy. Always check all written work thoroughly for the following grammatical aspects.

Checks have been made for	
Gender of noun (animate objects)	
Gender of noun (inanimate objects)	
Agreement of adjective with nouns	
Agreement of subject and verb (verb endings)	
Agreement of *to be* verb with singular/plural	
Agreement of *to be* verb with verb tenses	
Use of subjunctive (keh)	
Choice and position of pronouns (woh, yeh)	
Punctuations	
Conjunction	
Spelling	

Example answers to exam-style questions

ا۔ میں کروں تو کروں کیا!

Translate into Urdu

س ۱) مندرجہ ذیل کا اردو میں ترجمہ کریں۔

Students should put a lot of thought and consideration into determining their respective professions. They should not hesitate at all before asking their parents or teachers for guidance and help.

ج۔ طلبا اپنے لیے کوئی پیشہ اختیار کرنے سے پہلے بہت سوچ بچار سے کام لیں۔ انہیں اس سلسلے میں اپنے والدین اور اساتذہ سے رہنمائی اور مدد حاصل کرنے میں ذرا سی بھی ہچکچاہٹ محسوس نہیں کرنی چاہیے۔

Sentence transformation

س ۲) مندرجہ ذیل جملے فعل مستقبل میں تبدیل کریں:

۱۔ میں عجیب شش و پنج میں گرفتار تھا۔

۲۔ میں اپنے استاد سے مشورہ کر رہا ہوں۔

۳۔ کیا پاکستان میں آرٹ کا کوئی مستقبل ہے؟

ج) ۱۔ میں عجیب شش و پنج میں گرفتار ہو جاؤں گا۔

۲۔ میں اپنے استاد سے مشورہ کروں گا۔

۳۔ کیا پاکستان میں آرٹ کا کوئی مستقبل ہوگا؟

Example answers to exam-style questions

۲۔ **قلعہ روہتاس میں خوش آمدید**

س۱) قلعہ روہتاس کے بارے میں دیا گیا کتابچہ پڑھ کر مندرجہ ذیل سوالات کے جوابات جہاں تک ممکن ہو، اپنے الفاظ میں تحریر کریں۔

۱) روہتاس کا قلعہ کس نے بنایا؟

۲) قلعے کی تعمیر پر کتنی لاگت آئی؟

۳) قلعے کے دروازوں کی وجہ شہرت کیا ہے؟

ج ۱) روہتاس کا قلعہ شیر شاہ سوری نے اپنے دورِ حکومت میں تعمیر کروایا تھا۔

۲) قلعہ روہتاس پر اس دور کے مطابق چوبیس کروڑ، پندرہ لاکھ، پانچ ہزار اور ڈھائی دام خرچ ہوئے۔

۳) قلعے کا مرکزی دروازہ نہایت شاندار اور بلند ہے۔ یہ افغانستان کی طرف کھلتا ہے۔ قلعے کا 'شیش دروازہ' اس لیے مشہور ہے کیونکہ اس پر شیشے کا لاجواب کام کیا گیا ہے۔

س۲) مندرجہ ذیل الفاظ اس طرح جملوں میں استعمال کریں کہ ان کے معانی واضح ہو جائیں۔

قلعہ   فوج   محل   گاؤں

ج) زمانہ قدیم میں دفاع کی غرض سے تعمیر کردہ عمارت، قلعہ کہلاتی تھی۔

اس کی زندگی کا خواب فوج کی ملازمت ہے۔

بادشاہ اپنی رہائش کے لئے شاندار محل تعمیر کروایا کرتے تھے۔

میں پچھلی تعطیلات میں اپنے والد کے ساتھ گاؤں گیا تھا۔

۳۔ **شطرنج**

Sentence transformation

س۱) مندرجہ ذیل جملے فعل ماضی میں تبدیل کریں۔

۱۔ موجودہ زمانے میں شطرنج کا کھیل بہت مقبول ہے۔

۲۔ میں نے اس سال محنت کی اور کامیاب ہو گیا۔

ج) ١۔ پرانے زمانے میں شطرنج کا کھیل بہت مقبول تھا۔

٢۔ میں نے گزشتہ سال محنت کی اور کامیاب ہو گیا۔

Translate into Urdu

س ٢) مندرجہ ذیل کا اردو ترجمہ کریں۔

In chess, the bishop can only move diagonally. When I played chess the first time, I had the most amount of fun with the bishop and the rooks. In one stride,I would go from one end of the board to another.

ج) شطرنج میں فیل، صرف ترچھی جانب حرکت کر سکتا ہے۔ جب میں نے پہلی مرتبہ شطرنج کھیلی تو مجھے فیل اور رخ کھیلنے کا بہت لطف آیا۔ بس ایک ہی جست میں، میں شطرنج کے تختے کے ایک سرے سے دوسرے سرے تک پہنچ جاتا۔

٤۔ فلم 'وار' کا ایک جائزہ

س ١) دیئے گئے الفاظ میں سے خالی جگہیں پر کریں:

١۔ --------- کو بیان کرنے کا انداز --------- ہے

٢۔ تعلیم اور معاشرے کا --------- اہم سمجھا جاتا ہے۔ تعلیم صرف ------ کے حصول کا نام نہیں۔ یہ کسی بھی ----- کو بیدار کر سکتی ہے۔

الفاظ انوکھا منفرد رشتہ تعلق ڈگری سرٹیفکیٹ

قوم ملک دلچسپ کہانی

ج) ١۔ کہانی کو بیان کرنے کا انداز دلچسپ ہے

٢۔ تعلیم اور معاشرے کا تعلق اہم سمجھا جاتا ہے۔ تعلیم صرف ڈگری کے حصول کا نام نہیں۔ یہ کسی بھی قوم کو بیدار کر سکتی ہے۔

س ٢) مندرجہ ذیل محاورات کو جملوں میں استعمال کریں۔

١۔ آنکھوں میں پھرنا

٢۔ قلمبند کرنا

ج) ا۔ حادثے کا وہ منظر آج بھی میری آنکھوں میں پھرتا ہے۔

۲۔ اس نے سارے حالات وواقعات ڈائری میں قلمبند کر دیئے۔

۵۔ پروین شاکر کا سفر

س۱) اس باب میں دی گئی عبارت غور سے پڑھ کر دیئے گئے سوالات کے جوابات اپنے الفاظ میں تحریر کریں:

ا۔ پروین شاکر کے دور میں کراچی کا ادبی ماحول کیسا تھا؟

۲۔ اس عبارت میں نوجوانوں کو کیا پیغام دیا گیا ہے؟

ج ا۔ ان کے دور میں کراچی کے ادبی ماحول میں ذہانت، علمی وادبی صلاحیتیں اور عقل و دانش بسے ہوئے تھے۔ ہر طرف ادبی شوق کے گرویدہ نوجوان موتیوں کی طرح بکھرے ہوئے تھے اور مباحثے و مشاعرے عام تھے۔ ادبی بلندیوں کو چھونے والے نامی گرامی مقرر اور شاعر اسی دور کی پیداوار ہیں۔

ج ۲۔ اس مضمون میں نوجوان نسل کے لئے پیغام ہے کہ محنت کے راستے پر چلنے والوں کے قدم، کامیابی ضرور چومے گی اور، معاشرے میں وہ باعزت مقام حاصل کریں گے۔

س۲) مندرجہ ذیل محاورات کے جملے بنائیں۔

ا۔ ڈنکا بجنا

۲۔ آسمان چھونا

ج) ا۔ کئی سال کے بعد جیتنے پر ساری دنیا میں پاکستانی ٹیم کا ڈنکا بج گیا۔

۲۔ موجودہ دور میں زیادہ تر عمارتیں آسمان چھو رہی ہیں۔

۶۔ معاشرے کے درخت

س۱) ہمارے معاشرے میں استاد اور شاگرد کا جو مقام ہے، اس بارے میں مکالمہ لکھیں۔

ج: شاگرد: السلام وعلیکم سر! آپ کیسے ہیں؟

استاد: وعلیکم السلام، بالکل ٹھیک۔ تمھاری اگلی جماعت میں کیسی پڑھائی ہو رہی ہے؟

شاگرد: اچھی چل رہی ہے۔مگر اردو خاصی مشکل ہے۔

استاد: کیوں بھئی ایسا کیا مشکل ہے؟

شاگرد: میرے اردو کے استاد نے معاشرے میں شاگرد اور استاد کے مقام پر مکالمہ لکھنے کو دے دیا ہے۔

استاد: یہ کون سا مشکل کام ہے۔ابھی مکالمہ کئے لیتے ہیں۔تم اطمینان سے بیٹھو۔اور اہم نکات نوٹ کرتے جاؤ۔

شاگرد: یہ تو درست ہے کہ استاد معاشرے میں اہم مقام رکھتا ہے۔مگر شاگرد کا مقام کیا ہے؟

استاد: پہلے تم یہ بتاؤ کہ استاد کا معاشرے میں کیا مقام ہے؟

شاگرد: استاد کو معاشرے میں باپ جیسی حیثیت حاصل ہے۔اور وہ ہر طالب علم کا کردار بناتا ہے۔

استاد: تمھارے خیال میں استاد کا کردار کیسا ہونا چاہئے؟

شاگرد: استاد کو ذاتی مفاد نظر انداز کر کے پوری صلاحیتیں علم پھیلانے میں صرف کرنی چاہییں تاکہ معاشرہ صحت مند بنے۔

استاد: شاباش! بالکل اسی طرح طالب علم معاشرے کو بنانے میں اہم کردار ادا کر سکتے ہیں اور اس کو بگڑنے سے روک سکتے ہیں۔

شاگرد: مگر سر! ہم تو کم عمر ہوتے ہیں اور ہمارے پاس آپ جیسا علم اور تجربہ نہیں ہے۔تو ہم معاشرے میں کیسے مقام بنائیں۔

استاد: بیٹا! خوب محنت اور دلچسپی سے پڑھائی کریں۔اس طرح آپ اپنے اچھے عمل اور بہترین رویہ سے معاشرتی خرابیوں کو ختم کر سکتے ہیں اور اپنی عمر اور وسائل کے مطابق فلاحی کاموں میں حصہ لے کر معاشرے کو صاف ستھرا بنا سکتے ہیں۔

شاگرد: جی سر! آپ بالکل صحیح فرمارہے ہیں۔اساتذہ نہ صرف طالب علموں کو علم کی دولت سے نوازتے ہیں بلکہ ان کی مدد سے وہ اچھے انسان بھی بن جاتے ہیں۔

استاد: ہاں! ہم یہ کہہ سکتے ہیں کہ اچھے معاشرے کی تشکیل میں استاد اور شاگرد کا چولی دامن کا ساتھ ہے۔

شاگرد: سر! بہت بہت شکریہ۔میرا مکالمہ بھی مکمل ہوگیا اور میں نے بہت سی اچھی اور مفید باتیں بھی سیکھ لیں۔اب اجازت چاہتا ہوں۔خدا حافظ۔

س۲) اس کہانی کا خلاصہ لکھیں۔

ج۔ اس کہانی میں ایک ایسی درسگاہ کی تقسیم اسناد کی تقریب کا ذکر ہے جس میں اسپیشل بچوں کو اعزازات دیئے گئے ہیں اور انعام حاصل کرنے والے ایک بچے راشد کی والدہ کے جذبات کا ذکر کیا گیا ہے۔ اس میں ان بچوں کا ذکر خصوصی طور پر کیا گیا ہے جو اپنی کسی جسمانی کمی کے باعث عام لوگوں کی طرح متحرک نہیں ہو سکتے مگر اس اسکول میں والدین کے تعاون سے اسپیشل بچوں کو خصوصی اہمیت دی گئی ہے۔ انھوں نے نہ صرف مختلف پروگراموں میں حصہ لیا بلکہ انعامات بھی حاصل کیئے۔ اسکول کی انتظامیہ کی طرف سے بچوں کی حوصلہ افزائی اور والدین کے تعاون کا شکریہ ادا کرتے ہوئے ان کو جاری رکھنے کا عزم بھی کیا گیا ہے۔ اس پروگرام کا مقصد اسپیشل بچوں کو فعال بنانا اور احساس محرومی کو ختم کر کے عام بچوں کی طرح زندگی گزارنے کا سبق دینا ہے۔

۷۔ میں ہوں کراچی

سض۱) "میں ہوں کراچی" کی وضاحت اپنے الفاظ میں کریں؟

ج: "میں ہوں کراچی" کے لفظی معنی تو یہ ہیں کہ لکھنے والا اپنے آپ کو کراچی کہہ رہا ہے مگر اس جملے کی وضاحت یہ ہے کہ کراچی میں رہنے والا ہر شخص اپنے آپ کو ان مسائل سے دوچار سمجھے جو دن رات یہاں پیش آتے ہیں۔ اور ان کے حل کے لئے اپنا کردار جہاں تک ممکن ہو ادا کرے۔ مثلاً اگر کراچی کو ٹریفک کا مسئلہ درپیش ہے تو وہ ٹریفک کے قوانین پر عمل کر کے اس کو درست کرنے میں شہری حکومت کا ہاتھ بٹا سکتا ہے۔ اسی طرح اپنے گھر اور محلے کی صفائی کر کے کراچی کا ہر شہری، شہر کو صاف ستھرا بنا سکتا ہے۔

س۲) دیئے گئے مضمون کے مطابق، دیواروں پر نقش و نگار بنانے کا کیا مقصد ہے؟

ج: دیواروں پر نقش و نگار بنانے کا پہلا مقصد سیاسی نعروں اور مختلف اشتہارات سے گندی کی گئی دیواروں کو صاف کر کے شہر کی خوبصورتی میں اضافہ کرنا ہے اور دوسرا مقصد ان حسین اور دل آویز نقش و نگار سے دیکھنے والوں کو خوش گوار احساس دلانا ہے۔

Example answers to exam-style questions

۸۔ انٹرن شپ کی درخواست

س۱) برقی خط یا ای میل سے کیا مراد ہے؟

ج: "ای میل" لفظ الیکٹرونک میل کا مخفف ہے۔ اس میں کسی پیغام کو ایک یا ایک سے زائد لوگوں کو بذریعہ "انٹر نیٹ" بھیجا جا سکتا ہے۔ اس کے لئے وصول کنندہ کا "ای میل ایڈریس" جاننا ضروری ہے۔

س۲) موجودہ دور کی ٹیکنالوجی کے جدید رابطوں اور ذرائع میں سے دو کے بارے میں لکھیں۔

ج: جدید ٹیکنالوجی میں رابطے کے دو ذرائع موبائل فون اور کمپیوٹر ہیں۔

۹۔ ہے آن وائی (Hay-on-Wye)

س۱) مندرجہ ذیل محاورات کو جملوں میں استعمال کریں؟

گھاٹ گھاٹ کا پانی پینا   آنکھیں کھلی کی کھلی رہ جانا   کان پڑی آواز سنائی نہ دینا

گھاٹ گھاٹ کا پانی پینا: وہ بہت ہوشیار آدمی ہے۔ اس نے گھاٹ گھاٹ کا پانی پی رکھا ہے۔
آنکھیں کھلی کی کھلی رہ جانا: کتابوں کا اتنا بڑا مرکز دیکھ کر میری آنکھیں کھلی کی کھلی رہ گئیں۔
کان پڑی آواز سنائی نہ دینا: میلے میں شور اور ہجوم کی وجہ سے کان پڑی آواز سنائی نہیں دے رہی تھی۔

س۲) متضاد لکھ کر جملوں کی ساخت میں تبدیلی کریں۔

۱۔ <u>گزشتہ سال</u> میں ایک <u>طویل</u> دورے پر فرانس گیا۔
۲۔ ہمارے ملک میں <u>پڑھے لکھے</u> لوگوں کی <u>قلیل</u> تعداد ہے۔
۳۔ اس سال <u>خشک سالی</u> کی وجہ سے اناج <u>کم</u> پیدا ہوا۔

ج: رواں سال میں ایک <u>مختصر</u> دورے پر فرانس گیا۔
ہمارے ملک میں <u>ان پڑھ</u> لوگوں کی <u>کثیر</u> تعداد ہے۔
اس سال <u>بارشوں</u> کی وجہ سے اناج <u>زیادہ</u> پیدا ہوا۔

۱۰۔ تعارفی خط

س ۱) رسمی اور غیر رسمی خط سے کیا مراد ہے؟

ج: رسمی خط سے مراد وہ خط ہے جس میں کسی بھی ادارے کے سربراہ کو مخاطب کیا جاتا ہے۔ مثلاً اسکول کا پرنسپل، واٹر بورڈ کا چیئرمین۔ اس خط میں پر تکلف القاب و آداب کا استعمال کرتے ہوئے، براہ راست مقصد بیان کیا جاتا ہے۔

س ۲) ایک تعارفی خط میں کن نکات پر دھیان دینا ضروری ہے؟

ج: ایک تعارفی خط میں جامع اور مختصر زبان استعمال کرنا چاہیے اور اپنے تجرباتی کوائف اور تعلیمی اسناد کا ذکر بھی کرنا چاہیے۔

۱۱۔ کاروباری خط

س ۱) نیچے دیئے گئے مناسب الفاظ سے خالی جگہ پر کریں؟

گزشتہ پانچ سال سے ۔۔۔۔۔۔۔۔۔۔۔۔ کے شعبے میں بہت ۔۔۔۔۔۔ ہوئی ہے اور ۔۔۔۔۔۔ کی دوکانوں کی تعداد بہت بڑھ گئی ہے۔ اس کی وجہ سے ۔۔۔۔۔۔۔۔۔۔۔۔ بہت پریشان ہیں۔ نصاب کی کتابیں خریدنے میں انہیں کافی ۔۔۔۔۔۔۔۔۔۔۔۔ کا سامنا ہوتا ہے۔

کتبفروشی ۔۔۔ ترقی ۔۔۔ تعلیم ۔۔۔ اضافہ ۔۔۔ کھلونوں ۔۔۔ کتابوں ۔۔۔ پریشانی ۔۔۔ لوگ ۔۔۔
طلباء ۔۔۔ اہم ۔۔۔ الجھن

گزشتہ پانچ سال سے تعلیم کے شعبے میں بہت ترقی ہوئی ہے۔ اور کتابوں کی دوکانوں کی تعداد بہت بڑھ گئی ہے۔ اس کی وجہ سے طلباء بہت پریشان ہیں۔ نصاب کی کتابیں خریدنے میں انہیں کافی الجھن کا سامنا ہوتا ہے۔

س ۲) اپنے والد صاحب کو خط لکھیں اور نئے سال کی کتب خریدنے کے لئے رقم بھیجنے کی درخواست کریں؟

۱۲۵۔ اے،

خیابان سحر،

ڈیفنس فیز ۸، کراچی۔

محترم والد صاحب

السلام وعلیکم!

میں یہاں خیریت سے ہوں اور آپ سب کی خیریت کے لئے دعا گو ہوں۔ مجھے آپ کو یہ خوشخبری دینا ہے کہ میرا نتیجہ آ گیا ہے اور میں اعزازی نمبروں سے پاس ہو کر نہم جماعت میں آ گیا ہوں۔

ابا جان! میری باقاعدہ پڑھائی اگلے ہفتے سے شروع ہو رہی ہے۔ اور مجھے نئی جماعت کا کورس خریدنا ہوگا۔ ان کتابوں اور کاپیوں کی مالیت تقریباً پانچ ہزار بنتی ہے۔ آپ سے مودبانہ گزارش ہے کہ جلد از جلد یہ رقم میرے بنک اکاؤنٹ میں بھیج دیں۔ تاکہ میری پڑھائی کا تسلسل جاری رہے۔

میں انشاءاللہ اس بار بھی خوب محنت کروں گا۔ اور آئندہ سال بھی آپ کی توقعات پر پورا اترنے کی حتی الوسع کوشش کروں گا۔ اچھا اب اجازت چاہتا ہوں۔ میری طرف سے گھر میں سب کو حسب مراتب سلام و دعاء کہہ دیجئے گا۔

فقط آپکا بیٹا

۱۲۔ شکایت نامہ

س۱) **مندرجہ ذیل جملے، فعل ماضی میں تبدیل کریں:**

۱۔ ذرائع آمد و رفت ہمیشہ سے شہر کا مسئلہ بنے ہوئے ہیں۔

۲۔ کچھ عرصے سے ٹریفک کی روانی متاثر ہو رہی ہے۔

۳۔ اس سال سڑکوں کی حالت کافی خراب ہے۔

ج) ۱۔ ذرائع آمد و رفت ہمیشہ شہر کا مسئلہ بنی رہتی تھی۔

۲ کچھ عرصے سے ٹریفک کی روانی متاثر ہو رہی تھی۔

۳ گزشتہ سال سڑکوں کا حال کافی خراب تھا۔

س۲) اردو میں ترجمہ کریں؟

We have been facing the problem of short supply of drinking water for the last two weeks.The water is supplied in very limited amounts irregularly, which is not enough for the daily requirements of the residents; sometimes we even have no water for drinking.

ج: ہم پچھلے دو ہفتوں سے پانی کی کم ترسیل کے مسئلے کا سامنا کر رہے ہیں۔ پانی بہت کم اور بے قاعدگی سے دیا جا رہا ہے، جو یہاں کے رہائشیوں کی روز مرہ ضروریات کے لئے کافی نہیں ہے۔حتی کہ بعض اوقات ہمارے پاس پینے کے لئے پانی نہیں ہوتا ہے۔

۱۳۔ ایذاءرسانی کا تدراک کریں

Sentence transformation

س۱) مندرجہ ذیل جملوں کو فعل ماضی میں تبدیل کریں:

۱۔ وہ اگلے سال نئے اسکول میں داخلہ لے گا۔

۲۔ اسلم کو ایذاءرسانی پر سزا دی جائے گی۔

۳۔ اسکول کی انتظامیہ حفاظتی اقدامات کرے گی۔

۱۔ اس نے پچھلے سال نئے اسکول میں داخلہ لیا تھا۔

۲۔ اسلم کو ایذاءرسانی پر سزا دی گئی تھی۔

۳۔ اسکول کی انتظامیہ حفاظتی اقدامات کرتی تھی۔

س۲) مندرجہ ذیل جملوں کا خلاصہ لکھیں:

۱۔ اسکول میں بچے اس کو چھیڑتے ہیں، تنگ کرتے ہیں اور پریشان کرتے رہتے ہیں۔

۲۔ شراب، چرس، پان، افیون اور سگریٹ سے صحت خراب ہوتی ہے۔

ج۔ ۱۔ اسکول میں بچے اسکو ایذاء پہنچاتے رہتے ہیں۔

۲۔ منشیات سے صحت خراب ہوتی ہے۔

Example answers to exam-style questions

۱۴۔ اپنا باغیچہ خود لگائیں

س۱) دیئے گئے مناسب الفاظ سے خالی جگہ پر کریں:

اچھی ۔۔۔۔۔۔ ایک نعمت ہے۔ اس کے لئے متوازن ۔۔۔۔۔۔ اور ۔۔۔۔۔۔ کرنا بہت ضروری ہے۔ ورنہ انسان ۔۔۔۔۔۔ اور سرطان جیسے ۔۔۔۔۔۔ امراض کا شکار ہو جاتا ہے۔

صحت، زندگی، تندرست، غذا، ورزش، کھیل، موذی، ملیریا، شوگر، جان لیوا

اچھی <u>صحت</u> ایک نعمت ہے۔ اس کے لئے متوازن <u>غذا</u> اور <u>ورزش</u> کرنا بہت ضروری ہے۔ ورنہ انسان <u>شوگر</u> اور سرطان جیسے <u>جان لیوا</u> امراض کا شکار ہو جاتا ہے۔

س۲) مندرجہ ذیل جملوں کو متضاد لکھ کر تبدیل کریں:

۱۔ اس کا مزاج گرم ہے۔ اس لئے اسے غصہ آتا ہے۔

۲۔ موسم شدید گرم ہے۔ لو چل رہی ہے۔

۳۔ غیر متوازن غذا سے وزن میں اضافہ ہوتا ہے۔

۱۔ اس کا مزاج ٹھنڈا ہے اس لئے اسے غصہ نہیں آتا۔

۲۔ موسم شدید سرد ہے۔ ٹھنڈی ہوا چل رہی ہے۔

۳۔ متوازن غذا سے وزن میں کمی ہوتی ہے۔

۱۵۔ قائداعظم کا قوم سے خطاب

س۱) مندرجہ ذیل تقریر کا ترجمہ کریں۔

I don't know where to begin my speech. I don't know what people would be expecting me to say, but first of all thank you to God for whom we all are equal and thank you to every person who has prayed for my fast recovery and new life. I cannot believe how much love people have shown me.

Dear brothers and sisters, we must not forget that millions of people are suffering from poverty and injustice and ignorance. We must not forget that millions of children are out of their schools. We must not forget that our sisters and brothers are waiting for a bright, peaceful future.

ج۔ میں نہیں جانتا کہ اپنی تقریر کہاں سے شروع کروں۔ مجھے علم نہیں کہ لوگ مجھ سے کیا سننے کی توقع کریں۔لیکن سب سے پہلے تو میں اللہ تعالی کا شکرادا کرتا ہوں جس کی نظر میں ہم سب برابر ہیں اور میں آپ سب کا فرداً فرداً شکرگزار ہوں کہ آپ نے میری جلد صحت یابی اور نئی زندگی کے لئے دعا کی۔ مجھے یقین نہیں آتا کہ لوگوں نے مجھ سے اس قدر محبت کا اظہار کیا ہے۔

میرے عزیز بھائیو اور بہنو! ہمیں ان لاکھوں لوگوں کو نہیں بھولنا چاہیے جو غربت، ناانصافی اور جہالت کا شکار ہیں۔ہمیں ان لاکھوں بچوں کو بھی فراموش نہیں کرنا چاہیے جو سکول نہیں جاتے۔ہمیں اپنے ان بھائیوں اور بہنوں کو بھی نہیں بھولنا ہے جو ایک روشن اور پُر امن مستقبل کے منتظر ہیں۔

س۲) مندرجہ ذیل جملوں کو فعل مستقبل میں تبدیل کریں:

۱۔ محنت کرنے والے کامیاب زندگی گزار رہے ہیں۔

۲۔ پاکستان کو اسلامی دنیا میں اہم مقام حاصل ہے۔

ج۔ ۱۔محنت کرنے والے کامیاب زندگی گزاریں گے۔

۲۔پاکستان کو اسلامی دنیا میں اہم مقام حاصل ہوگا۔

۱۶۔ ہم کیوں نہیں بدلتے

س۱) مناسب الفاظ سے خالی جگہ پر کریں:

ہم کو۔۔۔۔۔۔۔۔۔۔۔۔زندگی گزارنے کے لئے اپنے۔۔۔۔۔۔۔۔۔۔۔۔کو بدلنا چاہیے اور ۔۔۔۔۔۔۔۔۔۔۔۔سے گلہ کرنے کے بجائے اپنے۔۔۔۔۔۔۔۔۔۔کی فکر کرنا چاہئے۔تب ہی ہم ایک۔۔۔۔۔۔۔۔انسان بن سکتے ہیں۔

پرسکون طریقے رویوں تقدیر حال مستقبل بہتر

ہم کو پرسکون زندگی گزارنے کے لئے اپنے رویوں کو بدلنا چاہئے اور تقدیر سے گلہ کرنے کے بجائے اپنے مستقبل کی فکر کرنا چاہئے۔تب ہی ہم ایک بہتر انسان بن سکتے ہیں۔

س۲) مندرجہ ذیل محاورات کے جملے بنائیں۔

۱۔ جوڑتوڑ کرنا

۲۔ قسمت کا دھنی ہونا

۱۔ بزرگوں نے جوڑتوڑ کر کے دونوں بھائیوں میں صلح کروائی۔

۲۔ امجد قسمت کا دھنی نکلا اور پڑھائی مکمل کرتے ہی باہر چلا گیا۔

۱۷۔ سویڈن میں قید خانوں کا نظام

س۱) مندرجہ ذیل کا اردو میں ترجمہ کریں:

"An individual politician cannot interfere with the running of our business. The government sets goals in a yearly letter of intent, and then the responsibility for the work is entirely ours."

ج: ایک سیاست دان انفرادی طور پر ہمارے معاملات میں دخل اندازی نہیں کر سکتا۔ حکومت ہر سال ایک خط کے ذریعے اہداف مقرر کرتی ہے اور پھر کام کی ساری ذمہ داری ہماری ہوتی ہے۔

س۲) مندرجہ ذیل محاورات کے جملے بنائیں:

دکھ بانٹنا　　راتوں رات بدل جانا　　سہرا باندھنا

ج: ۱۔ انسان کو ہمیشہ ایک دوسرے کا دکھ بانٹنا چاہیے۔

۲۔ کلیم کے دبئی جانے سے اس کے گھر کی حالت راتوں رات بدل گئی۔

۳۔ میچ میں جیت کا سہرا کپتان کے سر باندھا گیا۔

۱۸۔ علامہ اقبال

س۱) اردو میں ترجمہ کریں۔

Allama Iqbal was a revolutionary poet. He presented numerous philosophical theories. Not only was he well respected and renowned in the subcontinent, but also well known for his work throughout the world.

ج) علامہ اقبال ایک انقلابی شاعر تھے۔ انھوں نے کئی فلسفیانہ نظریات پیش کئے۔ وہ نہ صرف برصغیر میں، بلکہ پوری دنیا میں اپنے کام کی وجہ سے مشہور اور مقبول تھے۔

س۲) علامہ اقبال نے کس کو شاہین سے تشبیہ دی ہے اور کیوں؟

علامہ اقبال نے اپنی شاعری میں شاہین کا بار بار تذکرہ کیا ہے۔ انھوں نے یہ اصطلاح مسلمانوں، خصوصاً نوجوانوں کے لئے استعمال کی ہے۔ شاہین ایک بلند پرواز پرندہ ہے اور وہ اپنے شکار پر اس طرح جھپٹتا ہے کہ اسے جانے نہیں دیتا۔ علامہ مسلمانوں کو اس پرندے سے تشبیہ دیتے ہوئے ان سے کہتے ہیں کہ جس طرح شاہین اپنے شکار پر جھپٹتا ہے، تم بھی اسی کی طرح اپنی پرواز اور خیالات بلند رکھو اور دشمن سے خائف ہونے کی بجائے اس پر جھپٹ کر اس کو نیست و نابود کر دو۔

Acknowledgements

The authors and publishers acknowledge the following sources of copyright material and are grateful for the permissions granted. While every effort has been made, it has not always been possible to identify the sources of all the material used, or to trace all copyright holders. If any omissions are brought to our notice, we will be happy to include the appropriate acknowledgements on reprinting.

Unit 5 © Zia Zuberi, used with permission

Unit 7 Adapted from article 'A makeover for Karachi: Artists breathe life into city's walls, replace hate with love' by Adnan Murad in the Express Tribune, May 21 2015, used with permission of Express Publications (Private) Limited

Unit 9 Used by permission of Powys Country Council, Brecon Tourist Information Centre (translated)

Unit 13 Article by Zahid Yaqub Aamir from www.UrduChain.com

Unit 15 Article by Arshad Mehmood on pakistanblogzine.files.wordpress.com

Unit 17 © Guardian News and Media, 2014 (translated)

Thanks for the following for permission to reproduce photographs:

Cover image bird/Shutterstock

Unit 2 arifkamalzaidi/Shutterstock; Unit 3 Mike Flippo/Shutterstock; Unit 4 WIN-Initiative/Neleman/Getty Images; Unit 7 Shahrukh Salman (x 7), Brocorwin/Shutterstock, Kabayanmark Images / Alamy Stock Photo, craft images / Alamy Stock Photo; Unit 9 Jeff Morgan 02 / Alamy Stock Photo, David Bagnall / Alamy Stock Photo, Simon Whaley / Alamy Stock Photo, Shahrukh Salman (x 4); Unit 13 SW Productions/Getty Images, fstop123/Getty images, MANDY GODBEHEAR/Shutterstock, Westend 61/Getty Images, mark phillips / Alamy Stock Photo, Unit 14 Shahrukh Salman; Unit 15 INTERFOTO / Alamy Stock Photo; Unit 16 Shahrukh Salman; Unit 17 Henrik Witt / TT News Agency / Press Association Images, Unit 18 Shahrukh Salman